ISLAS MALVINAS ARGENTINAS Y BRITANICAS

JC ROCCO

LAS ISLAS MALVINAS ARGENTINAS Y BRITÁNICAS

<u>**Jc Rocco**</u>

<u>**Índice:**</u>

<u>**Capítulo 1 : Introducción**</u>

Mucho se ha hablado de este importante y remoto archipiélago, casi desde su descubrimiento ha generado numerosas polémicas, ya sea de la fecha exacta de su descubrimiento o quien fue el verdadero y primer marinero que las encontró.

Muchos países se han disputado su soberanía: Francia, Estados Unidos, Inglaterra y Argentina, pero actualmente el Reino Unido es el ¨dueño¨ de ellas.

El frio extremo y el viento constante que sufren las islas que padece casi todo el año, no parece ser un escollo para que, desde su descubrimiento, hayan luchado hombres de varios países y hasta morir varios de ellos, para lograr poseerlas.

La última y más sangrienta de ellas fue en el año 1982 entre la República Argentina y el gobierno de Gran Bretaña, ya lo veremos más detalladamente en un capítulo posterior. No quiero pasar esta oportunidad para honrar a todos los soldados de ambos países, que cayeron valientemente en este inhóspito paisaje.

En la actualidad, las Islas están bajo un gobierno que depende totalmente de Gran Bretaña, la educación, salud y seguridad, lo brinda el Reino Unido. Militarmente existe un importante destacamento de las fuerzas armadas inglesas, hasta se presume que puede haber misiles de la OTAN, apostados en las islas.

Los habitantes de las Islas están muy conformes con ello y no tienen ninguna intención de cambiar ese estatus. A pesar de múltiples reclamos del gobierno argentino, de "poseerlas "nuevamente, es prácticamente imposible que esto suceda, ya que el gobierno británico, no tiene intenciones, ni siquiera de hablar del tema. Muchos expertos coinciden, que luego de la ocupación forzada de las Islas por un gobierno de facto argentino, en 1982, la posibilidad de cambiar la situación actual es muy improbable.

Luego de la guerra de 1982, esta situación mejoró sustancialmente para los isleños, muchos creen que, de no haber existido esa guerra, estarían en mucho peores condiciones que lo que están ahora.

El gobierno argentino, luego del tremendo error de iniciar una guerra mal preparada del 1982, por entonces era un Gobierno Militar de Facto, sigue infructuosamente reclamando la soberanía de las Islas, en organismo internacional que pueda y se lo permita.

Cada uno de los países, presenta varios argumentos, por lo que ellos creen que son suyas las islas o por lo menos, su soberanía sobre ellas estaría justificada.

Obviamente que Gran Bretaña, lleva mucha ventaja en esto, ya que es la única ocupante actualmente de las mismas y sería muy difícil o casi imposible que fuera expulsada de las Islas por la fuerza, como en el año 1982.

Ocurre que luego del conflicto bélico que enfrento a Argentina y gran Bretaña, esta última ha venido aumentado la presencia, ya sea en cantidad y calidad de elementos de guerra. Ya sea en el número de soldados apostados en las islas, como así también de submarinos, barcos y armamento de última tecnología que ha llegado a las islas Malvinas en este último tiempo.

El gobierno británico, responde a cualquier reclamo del gobierno argentino sobre las Islas Malvinas, de la siguiente manera> los habitantes de las islas son los que deben elegir con que país, ellos quieren estar manejados. Es obvio que la respuesta de los Isleños no será a favor de estos que iniciaron una guerra estéril hace unos años y que llevo a muchas bajas de ambos bandos y aún hoy quedan zonas minadas por los soldados argentinos.

Capítulo 2 : Historia de las Islas Malvinas

Las Malvinas fueron descubiertas en 1520 por Esteban Gómez, tripulante de la nave San Antonio, uno de los barcos de la expedición de Magallanes. Según la delimitación de tierras de las bulas papales, las islas pertenecían a España. Sin embargo, navegantes ingleses, holandeses y franceses llegaron a las islas en diversas oportunidades.

En 1690, el capitán de la marina británica John Strong navegó por el estrecho de San Carlos, que separa las Malvinas, y lo llamó estrecho de Falkland en recuerdo de sir Lucius Cary, segundo vizconde de Falkland.

En 1764 hubo una ocupación francesa por parte de Luis de Bougainville, quien fundó el puerto de San Luis en la isla oriental. Los franceses llamaron a las islas Malouines, porque ése era el nombre dado a los nacidos en Saint Maló, el puerto francés de donde procedían. Los españoles obtuvieron el puerto de San Luis tras una sede de protestas y transformaron Malouines en Malvinas. En 1765, una expedición inglesa llegó a las islas y las denominó Falkland Islands. En 1770, las fuerzas de ocupación inglesas fueron desalojadas por España, que reclamó a soberanía de las islas por vía diplomática. Cuando se creó el Virreinato del Río de La Plata, las Malvinas pasaron a depender de la gobernación de Buenos Aires. Desde 1774 hasta 1810, España nombró sucesivos gobernadores para el archipiélago.

En 1776, cuando se creó el virreinato del Río de la Plata, las islas Malvinas se incluyeron en el territorio de la gobernación de Buenos Aires. Después de 1810, las islas siguieron bajo esa jurisdicción. En 1820, la fragata argentina La Heroína fue enviada a Malvinas para tomar posesión definitiva de las islas. En 1825 se produjo un hecho significativo: Gran Bretaña reconoció la independencia argentina y no reclamó las islas.

En 1828, el gobierno de Buenos Aires otorgó a Luis Vernet, en concesión, el Puerto soledad para que construyera una colonia. Para ello, llevó a cien gauchos e indios de las pampas, hábiles en la cría de ganado.

En 1829, Vernet fue nombrado gobernador de Malvinas. Y ese mismo año Gran Bretaña reclamó su derecho de soberanía sobre las islas, adjudicándose su descubrimiento. En 1833 esa nación tomó las Malvinas bajo su dominio, expulsando a las autoridades criollas. Desde entonces, la Argentina no ha dejado nunca de reclamar su soberanía sobre el archipiélago.

Su Descubrimiento: Las islas Malvinas fueron avistadas por primera vez en el año 1520 por la expedición de Fernando de Magallanes, al buscar un pasaje hacia el Océano Pacífico. Esteban Gómez les dio el nombre de la nave que comandaba: San Antón, es por esto por lo que en los antiguos mapas aparecen con el nombre "Islas Sansón", Simón de Alcazaba y Alonso de Camargo las visitaron antes del año 1540 y las describieron en el Islario de Santa Cruz en el año 1541: "Al oriente del puerto de Sanct Julián... a cincuenta y un grados de altura".

En esas épocas fueron conocidas con nombres españoles como, (además de San Antón), Islas de San Carlos o Islas de Los Patos. Las Malvinas fueron frecuentemente confundidas con una supuesta isla llamada Pepina (apodada como Peypus por los ingleses), aunque también han sido llamadas imprecisamente así otras ínsulas del Atlántico Meridional.

Una vieja cuestión argentina: Las islas Malvinas están formadas por dos grandes islas, Gran Malvina y Soledad y unos 200 islotes más pequeños. Allí abundan las colinas, y el tiempo frío, húmedo y ventoso no permite el crecimiento de árboles.

Los habitantes de Malvinas se dedican a la ganadería ovina y a la producción de lana. Las islas son una dependencia británica, reivindicadas desde siempre por la Argentina. John Davis, un navegante y explorador inglés, podría ser el primer europeo que descubrió a las islas en 1592.

El capitán inglés J. Strong navegó por el estrecho que separa las islas en 1690 y lo llamó Falkland, apellido de un vizconde (de allí proviene el nombre inglés). En 1764, colonos franceses de Saint Maló (de allí deriva el nombre de Malvinas o Malouines) se establecieron en Malvinas orientales y colonos ingleses hicieron lo mismos en las occidentales. En 1770, España compró la parte francesa y en 1774 expulsó a los ingleses haciendo valer el tratado de Tordesillas. La Argentina acabó con el dominio a español en 1816 y en 1820 reclamó la soberanía de las islas.

En 1829, el gobierno porteño creó la comandancia política y militar sobre las islas da designando a Luis Vernet como titular, quien hizo respetar nuestra soberanía.

En 1833, Gran Bretaña retomó el control de las islas y las declaró colonia en 1892. En 1960, la Organización de las Naciones Unidas (ONU) invitó a los países coloniales a poner fin al colonialismo. Gran Bretaña se comprometió a descolonizarlas. Con el tiempo y ante el no cumplimiento inglés, la ONU solicitó a los gobiernos de ambos países poner fin a la disputa por medio de la negociación.

El desacuerdo llevó a un conflicto armado cuando el 2 de abril de 1982 fuerzas argentinas desembarcaron y ocuparon las islas durante 74 días; pero, el 14 de junio los ingleses lograron la segunda usurpación tras ganar la guerra de Malvinas. La victoria militar permitió justificar la instalación de una fortaleza en las islas Malvinas, una base de la OTAN el Atlántico sur.

Desde la constitución de 1985, las islas son administradas por un gobernador británico Incluso el Parlamento británico otorgó la ciudadanía británica a los habitantes de las islas.

Malvinas subsiste como uno de los últimos reductos del colonialismo europeo en América. Hasta 1985, Georgia del Sur y las islas Sándwich del Sur fueron gobernadas como a dependencias de las Malvinas. Sin embargo, la nueva constitución hizo que Georgia y Sándwich se convirtieran en un protectorado británico separado de Malvinas. Desde 1990 los dos países reanudaron las relaciones diplomáticas.

El problema de Malvinas no es una cuestión limítrofe para resolver sino un conflicto soberanía territorial.

Capítulo 3 : Geografía de las Islas Malvinas

Las islas Malvinas están relacionadas, geológicamente, con la Patagonia Argentina, tanto por el tipo de formaciones rocosas como por la clase de relieve.

Este archipiélago situado en el sur del océano Atlántico, al este del estrecho de Magallanes y al noreste del extremo sur de América del Sur ha sido administrado como una colonia británica más, aunque desde la creación de la República Argentina nuestro país ha mantenido sus pretensiones territoriales sin conseguir que Gran Bretaña ceda, como corresponde, el dominio efectivo de las islas

El archipiélago de las Malvinas e islas adyacentes está constituido por un conjunto de más de 200 grupos de formaciones rocosas emergentes del mar argentino, en el océano Atlántico. La superficie total es de aproximadamente 11.410 km2 siendo las islas con mayor extensión la Gran Malvina, al oeste, con 5.413 km2 y la isla Soledad, al este, con 6.760 km2. Estas islas están separadas por el estrecho de San Carlos. Entre las islas menores, emergentes de las aguas del mar epicontinental argentino se encuentran las islas Sebaldes, del Pasaje, San Rafael y San José, al oeste de la Gran Malvina, y las islas Águila, Jorge, Pelada, de los Leones marinos, María y Bougainville, al sudeste de la isla soledad.

Actualmente las islas están bajo dominio británico, y tienen su capital en Puerto Stanley (puerto argentino), en la isla Soledad. En la isla Rasa del oeste, del grupo de las Sebaldes, al noroeste del archipiélago de las Malvinas, se ubican su punto extremo norte (50º 59´ Sur y 61º 27´ Oeste).

Capítulo 4 : Economía de las Islas Malvinas

Las duras condiciones climáticas, sobre todo la ausencia de una estación cálida, y los fuertes vientos impiden que se puedan desarrollar actividades agrícolas destacadas. Así, la agricultura en las islas está limitada a una escasa producción de avena y cebada, dos cereales resistentes. Los habitantes de las Malvinas poseen pequeñas huertas donde cultivan algunas hortalizas sólo para consumo familiar.

Cultivos de invernadero

Años atrás se construyó un gran invernadero con miras a la producción hortícola. Actualmente produce una buena cantidad de verduras frescas como por ejemplo lechuga, arvejas, ajíes, coliflores y tomate, del cual se producen 450 kilos por semana. Este invernadero constituye un gran avance en la economía local, sobre todo si se tiene en cuenta que éstas son verduras que la gente que vive en Puerto Stanley (Puerto Argentino) no conocía.

Recursos vegetales naturales

Las algas es la principal tarea que una empresa británica intentó la explotación de recursos alternativos, como el de las algas, pero se ignora con qué resultado. se estima que cerca de las costas hay una reserva de 120 mil toneladas de algas pardas que podrán, en el futuro, aportar nuevas divisas.

La turba

La turba es la materia orgánica producida por descomposición de musgos y líquenes en los pantanos. Es el combustible clásico de uso doméstico en las Malvinas, además de constituir un buen abono para los cultivos.

<u>Ganadería</u>

La cría del ganado ovino es la única actividad ganadera. su carne es la base de la alimentación de los habitantes, la que se complementa con la cría de algunas aves de corral en las huertas. sin embargo, el ganado ovino tiene su mayor aspecto productivo en la obtención de lana, cuya calidad es merino australiano. Para la cría de los ovinos se destinan extensos predios en las lonas de estepa de las planicies. La empresa británica privada Falkland Islands Company es la propietaria de la mayor parte de los rebaños, además de poseer el 40 % de las tierras de las islas.

<u>Industria y exportación</u>

El mar epicontinental sobre el que se encuentran las islas Malvinas es una fuente de innumerables recursos pesqueros. Además de múltiples peces marinos de interés, importa sobre todo la pesca de calamares, debido a que la temperatura del agua marina favorece su desarrollo. En 1987 se pescaron 82.500 toneladas de una variedad de calamares de 25 centímetros, muy cotizada en Europa, y 145.000 toneladas de la variedad ilex preferida por los países asiáticos. La pesca se realiza bajo el control del gobierno británico dentro de la zona de exclusión delimitada alrededor de las islas. Toda a producción pesquera se comercializa en el exterior, ya que los habitantes de las islas casi no consumen pescado. La FAO (organización mundial de la Alimentación de las Naciones Unidas) alertó sobre la pesca excesiva de estos animales, previendo su extinción en menos de 20 años. Al sur de las islas son importantes las reservas de krill, cuya explotación se está fomentando.

Capítulo 5: La Guerra de Malvinas de 1982

El 2 de abril de 1982, tres días después de la movilización en la Plaza de Mayo, alrededor de cinco mil efectivos al mando del general Mario Benjamín Menéndez desembarcaron en Puerto Stanley, la capital de las Islas Malvinas, desde entonces rebautizada como Puerto Argentino. Los cuarenta y nueve marines ingleses que conformaban la pequeña guarnición encargada de la custodia del archipiélago fueron capturados y trasladados a Montevideo junto con el gobernador Rex Hunt. El general Menéndez asumió como gobernador de Malvinas. Aunque para la sociedad argentina la toma de Malvinas fue algo inesperado, el plan militar hacía tiempo que se venía analizando.

Gran Bretaña había alertado al gobierno de Estados Unidos cuando la invasión pareció inminente, lo que dio lugar a un infructuoso llamamiento de última hora por parte del presidente estadounidense Ronald Reagan al presidente argentino Galtieri.

El gobierno británico de la primera ministra Margaret Thatcher se enfrentó a una grave crisis política, que provocó la dimisión inmediata del ministro de Asuntos Exteriores, lord Carrington. Margaret Thatcher para mejorar su imagen política decidió liberar las islas y su primer triunfo fue diplomático, pues logró que el Consejo de Seguridad de las Naciones Unidas declarara a la Argentina "país agresor" y obtuvo el aval incondicional de EE. UU. y de la Comunidad Económica Europea.

Entre el 2 de abril y el 14 de junio de 1982, la República Argentina se enfrentó militarmente con Gran Bretaña por la soberanía de las islas. Esta trágica decisión fue tomada por una dictadura que venía ejerciendo el terrorismo de Estado desde 1976. La recuperación de las islas fue considerada justa por una parte de la sociedad que salió a la calle a manifestarse. La nefasta decisión de la Junta militar provocó la pérdida de centenares de vidas y una rendición humillante. La derrota fue uno de los hechos que. precipitó la salida del poder de los dictadores y abrió las puertas a la transición democrática.

El apoyo latinoamericano a la Argentina fue casi unánime. Nicaragua ofreció tropas; Venezuela, petróleo y Perú, aviones de reemplazo. Solamente el régimen de Pinochet, en Chile, adopté una posición contraria, concediendo a los británicos suministros y bases para unidades de comandos.

Rápidamente se reunió un importante destacamento de fuerzas, formado por dos portaaviones y unos 28.000 hombres. Cuando este destacamento inició su viaje de 8.000 millas hasta el Atlántico sur, se produjo una intensa actividad diplomática por parte del secretario de Estado (ministro de Asuntos Exteriores) de Estados Unidos, Alexander Haig, el cual trató de convencer a Argentina de que tenía más posibilidades de alcanzar su objetivo aceptando entablar negociaciones diplomáticas, pero al fracasar en sus esfuerzos, el 30 de abril anunció formalmente el apoyo estadounidense a Gran Bretaña.

Ante la posibilidad cada vez más real de un conflicto bélico, hubo algunos intentos de mediación, entre los que se destacaron el del secretario general de la ONU, Javier Pérez de Cuellar, y el secretario de Estado norteamericano, Alexander Haig. Pero todos fueron infructuosos. El 1 de mayo comenzó la guerra.

El 25 de abril, las fuerzas británicas reconquistaron Georgia del Sur. A comienzos de mayo, tras el despliegue del grueso de sus fuerzas en la zona, los aviones de la RAF (Fuerza Aéreas británicas) comenzaron a atacar las posiciones argentinas, en especial la pista de aterrizaje de Puerto Stanley (Puerto Argentino, antiguo Puerto Soledad). Aunque los británicos no lograron expulsar a las fuerzas aéreas y navales argentinas, el submarino nuclear Conqueror provocó el hundimiento del crucero argentino General Belgrano, falleciendo 368 hombres. A continuación, un misil Exocet lanzado por la aviación argentina hundió a un destructor británico, el HMS Sheffield.

Los británicos se prepararon para un desembarco anfibio en la Gran Malvina (una de las mayores islas del archipiélago), una operación militar bastante difícil. Fuerzas especiales reconocieron la isla para determinar las posiciones de las tropas argentinas e identificar los lugares más apropiados para el desembarco. Mientras tanto, la actividad diplomática continuaba, primero a iniciativa del gobierno peruano y, después, del secretario general de la Organización de las Naciones Unidas (ONU) Javier Pérez de Cuéllar. Una vez más, el gobierno argentino se negó a contemplar la posibilidad de una retirada militar si no se le garantizaba que las negociaciones directas desembocarían en una transmisión de soberanía.

Uno de los hechos más dramáticos de la guerra tuvo lugar el día 2 de mayo. Un submarino británico detectó, gracias a la información satelital proporcionada por EE. UU., el crucero "General Belgrano", mientras navegaba fuera de la zona de exclusión. El crucero fue torpedeado y hundido. La cifra oficial de muertos ascendió a 368 hombres.

El 21 de mayo, unos días después de que concluyeran los esfuerzos de la ONU, sin que se produjera ningún avance, las tropas británicas desembarcaron en San Carlos (en la Gran Malvina). El desembarco se llevó a cabo con éxito, pero durante los días siguientes no cesaron los ataques aéreos contra los buques británicos que trataban de desembarcar suministros en tierra. Fueron hundidos tres buques de guerra y un mercante, el Atlantic Conveyor, varios helicópteros se perdieron y numerosos aviones argentinos fueron derribados.

El saldo final de la guerra fue la reocupación de los tres archipiélagos por parte del Reino Unido y la muerte de 649 militares argentinos, 255 británicos y 3 civiles isleños.

<u>Últimos combates</u>

El principal combate en tierra, después del desembarco, se produjo el 28 de mayo, cuando un contingente británico formado por 600 hombres derrotó a una guarnición argentina mayor en número en Goose Green (en Malvina del Sur), tras un duro enfrentamiento.

Los británicos avanzaron hacia la principal guarnición argentina que estaba situada en la capital, Puerto Stanley (Puerto Argentino), y el 8 de junio se produjo su mayor desastre, cuando el buque de transporte Sir Galahad fue destruido por aviones argentinos en Port Fitzroy.

Poco a poco, mediante ataques combinados de artillería e infantería para acabar con la intermitente resistencia argentina, los británicos tomaron las tierras altas que rodean Puerto Stanley (Puerto Argentino). El 14 de junio, la guarnición argentina, a las órdenes del general Menéndez, se rindió. La Junta Militar que controlaba el poder en Argentina dimitió poco después de la derrota. Las islas fueron fortificadas por los británicos, manteniendo su carácter de colonia, aunque a sus habitantes se les concedió la plena ciudadanía británica.

En ese contexto llegó a la Argentina el Papa Juan Pablo II. Su visita fue interpretada como un intento de convencer al gobierno de que terminara la guerra.

El 14 de junio los 11.000 soldados argentinos se rindieron ante el general inglés Moore. Al día siguiente, Galtieri convocó a la población a la Plaza de Mayo para anunciar la rendición

<u>Fortaleza Inglesa</u>: Mount Pleasant

En las islas existe una base militar de las Fuerzas Armadas británicas que amenaza la paz en la región. Los ingleses le pusieron como nombre Mount Pleasant.

El 3 de enero de 2013, cuando se cumplieron 180 años de la usurpación de las Islas Malvinas, grupos de excombatientes argentinos acompañados por otros sectores sociales le solicitaron al embajador británico en la Argentina que su gobierno "desmantele la fortaleza militar de Mount Pleasant como parte de nuestra lucha por el desmantelamiento de todas las bases militares extranjeras en el continente".

<u>Ubicación</u>: Isla Soledad, Malvinas.

<u>Dotación</u>: En 1982 tenía una dotación militar de 50 efectivos, en la actualidad ese número se eleva a 1500.

<u>Capacidad de movimiento</u>: Fuerzas entrenadas para una rápida intervención.

<u>Capacidad técnica</u>: Aeropuerto de grandes dimensiones

(permite operar 80 aeronaves de combate y 20 de transporte) y puerto de aguas profundas.

<u>Función:</u> Campo de prueba de nuevas tecnologías armamentísticos. Campo de entrenamiento de soldados británicos y de otras nacionalidades.

<u>Posición de Chile:</u>

Las razones formales aducidas por el gobierno chileno al abstenerse, junto a EE. UU., Colombia y Trinidad y Tobago en la votación del TIAR fue el incumplimiento de parte de Argentina de la resolución 502 de las Naciones Unidas. La razón de fondo puede haber sido que la política exterior de la junta militar argentina se había vuelto imprevisible y que este nuevo ímpetu de recuperación de la soberanía argentina podía llegar hasta las fronteras chilenas reconocidas por el multilateral Laudo Arbitral de 1977, pero que la Argentina había declarado nulo en forma unilateral. Chile no podía apoyar una agresión que más tarde se podía volver contra sí mismo. Por esta razón las pésimas relaciones entre Chile y Gran Bretaña se tornaron en cooperación.

Capítulo 6: Otras Islas Compartidas en el Mundo

Hay en total en todo el mundo aproximadamente 100 islas compartidas por dos o más países, solo nos extenderemos en las 20 más importantes:

1) <u>Isla de Nueva Guinea: Indonesia y Nueva Guinea</u>

Nueva Guinea (en indonesio: Irían), es la segunda mayor isla del mundo, con 785 753 km², y está ubicada al norte de Australia. Papúa es otra denominación de la isla. Está dividida políticamente de oeste a este en dos mitades aproximadamente iguales.

La mitad oriental es Papúa Nueva Guinea, país independiente desde 1975.

La mitad occidental se le denomina Nueva Guinea Occidental

o Papúa Occidental (anteriormente conocida como Irian occidental o Irian Jaya), está incorporada a Indonesia y la conforman las provincias de Papúa y la nueva provincia de Papúa Occidental. El nombre "Nueva Guinea" se remonta al navegante español del siglo XVI Yñigo Ortiz de Retez, a quien los papúes de Nueva Guinea de piel oscura y cabello ensortijado le recordaron el tipo físico de personas del golfo de Guinea.

Historia

La isla de Nueva Guinea ha estado poblada por los diferentes pueblos papúes desde hace al menos 40 000 años. Aunque cuando Nueva Guinea fue originalmente colonizada formaba una gran masa de tierra continua, llamada Sahul, que abarcaba tanto a Australia y Tasmania como a Nueva Guinea. Hace entre 7000 y 14 000 años, con la subida del nivel del mar, esta masa de tierra quedó dividida en tres: Nueva Guinea, Australia y Tasmania. En términos históricos, estas poblaciones estuvieron relativamente aisladas, excepto por la influencia de los pueblos austronesios en algunos lugares de la costa hace unos 3600 años (c. 1600 a. C.). Existe pruebas de que los guineanos del sur mantuvieron contactos esporádicos con pueblos australianos a través del estrecho de Torres, pero dichos contactos tuvieron un efecto muy limitado.

La pérdida definitiva de aislamiento se dio más tarde a partir del siglo XVIII y sobre todo de los siglos XIX y XX de los occidentales. La gran diversidad étnica de papúa es el resultado de una diversificación de unos 40 000 años de presencia humana ininterrumpida, sólo significativamente alterada en la costa por la llegada de pueblos austronesios. Los primeros occidentales que avistaron las costas de Nueva

Guinea fueron en 1511-12 los portugueses Abreu y Serrão, y el primero que desembarcó en aquel territorio fue Jorge de Menezes en el año 1526. Los portugueses fueron seguidos pronto por los españoles: Saavedra en 1528-29, Grijalva y Alvarado en 1537, e Íñigo Ortiz de Retes en 1545 visitaron la mayor parte de su costa. Luego llegaron los holandeses: Seneuten le Maire, Tasman y otros navegantes recorrieron la costa norte y noroeste de 1616 a 1768. Por último, los ingleses hicieron su aparición en este territorio en el año 1700 con Dampier, quien cruzó el estrecho que separa Nueva Bretaña de la costa sureste de Nueva Guinea. En 1770 el capitán inglés Cook navegó por el estrecho de Torres, y Banpton visitó la isla en 1793. En 1828 los holandeses se apoderaron de la región occidental del territorio, mientras que el inglés Blackwood ocupó la costa sur. Holanda adquirió la soberanía nominal de Nueva Guinea hasta los 141º 20´ de longitud este del meridiano de Greenwich. La exploración del interior de Nueva Guinea es más contemporánea; de todas, las que merecen citarse son la del austriaco Meyer (1873), la del italiano d´Albertis (1876) y la del inglés Mac Farlane. En 1873 el capitán Moresby tomó posesión en nombre de la Corona Británica de la península sureste, proyectando anexionarse la isla, cuando Alemania izó su bandera en la costa norte. El conflicto que pudo surgir se evitó con el acta de 17 de mayo de 1885, que reconoció los derechos de Holanda en toda la región occidental hasta el meridiano antes citado, y dividió el control de la región oriental entre Inglaterra y Alemania. El territorio alemán de la costa norte quedó bajo el control de la Compañía Alemana de Nueva Guinea de 1885 a 1899, año en que pasó a manos del gobierno de ese país.

Sin embargo, la colonización de Nueva Guinea y las

islas vecinas ocasionó muchos problemas a los europeos, algunas enfermedades como la malaria impidieron la rápida colonización. Algunas zonas del interior no fueron vistas por los europeos hasta la década de 1930.

2) <u>Isla de Borneo: Brunei, Malasia e Indonesia.</u>

La isla de Borneo es la tercera mayor isla del mundo y está ubicada en el sudeste de Asia. Se encuentra en el centro de Insulindia. Administrativamente, la isla se encuentra dividida entre Brunéi, Malasia e Indonesia. Los indonesios se refieren a la isla en el idioma indonesio cómo Kalimantan. Sin embargo, para la gente de fuera de Indonesia, Kalimantan es la zona que Indonesia ocupa en la isla de Borneo. La región de Malasia en Borneo se llama Ethnic Oriental. La nación independiente de Brunéi ocupa el resto de la isla. Brunéi es la nación más rica de la isla. Borneo está dividido en varias regiones: La región de Kalimantan, perteneciente a Indonesia. Las regiones de Sabah (Borneo Septentrional) y Sarawak, pertenecientes a Malasia y El sultanato independiente de Brunéi.

<u>Historia</u>

El descubrimiento para occidente de la isla de Borneo fue realizado por los navegantes Juan Sebastián Elcano y Magallanes, quienes arribaron a sus costas en el año 1521. La historia de Borneo está estrechamente relacionada con Filipinas. Cuando el archipiélago filipino fue sometido por el navegante español Miguel López de Legazpi, una flotilla del sultán de Borneo auxilió a los príncipes de Manila, ya que uno de aquellos príncipes era oriundo de Borneo. Y en 1577, cuando un pretendiente al trono de Borneo llamado Sirela solicitó el apoyo de España, el gobernador español de Filipinas Sande zarpó de Manila con una escuadra de 30 bajeles y 2.200 hombres. Proclamado Sirela rey, el nuevo monarca prestó homenaje a España. Pero entonces el soberano destronado buscó refugio en las islas Molucas, solicitando el auxilio de los portugueses, quienes, aspirando también a la posesión de Borneo, organizaron una flota que bajo las órdenes de Héctor Brita venció a Sirela, quien huyó a Manila y solicitó nuevamente el apoyo de España. Éstos enviaron al capitán Gabriel de River con un pequeño ejército que derrotó a los ocupantes y restableció a Sirela en el gobierno.

El pabellón español en la región septentrional de la isla fue levantado por Rafael Omen de Acevedo en el año 1648, al vencer a los nativos camucones. Pero en la última mitad del siglo XVII España tuvo que reconcentrar sus fuerzas en Luzón por falta de efectivos, ofreciendo a los piratas de la región libertad para que actuaran. A principios del siglo XVIII los tirones, que dependían del sultanado de Joló (isla situada entre Filipinas y Borneo) se hicieron independientes.

En 1761 Inglaterra celebró un tratado con Joló, por el cual la Compañía Británica de las Indias Orientales adquirió el litoral norte de Borneo, desde el río Kunanis hasta la bahía de Melledu. En 1771 esta misma compañía ocupó con 400 hombres la isla de Balambamgan, pero habiendo captado la enemistad de los nativos, fueron todos pasados a cuchillo. El soberano javanés Bantam cedió a los holandeses en 1778 unos territorios de la costa oriental de Borneo cuyo dominio poseía por derecho de herencia. Esta cesión tuvo gran importancia en el futuro, ya que fue considerada como fundamento jurídico de la soberanía que ejerció Holanda en gran parte de la isla.

A fines del siglo XVIII y principios del XIX los piratas joloanos hicieron imposible el comercio en la zona. Con el objetivo de reducir a los corsarios, partió de Manila una escuadra española que en 1851 bombardeó y tomó la capital de Joló. A través de la firma de un tratado este territorio y todas sus dependencias pasaron a formar parte de los dominios de España en el archipiélago de Joló; y para desvanecer toda duda con respecto a Borneo, el sultán Mahamad-Diamarol

Alam declaró en 1862 que el grupo de las islas de Joló y Tawi-Tawi pertenecían a los españoles por derechos de conquista y anexión. El Tratado de Licup, firmado el 22 de julio de 1878, también reconocía el dominio eminente de España sobre el archipiélago y sus dependencias. Pero las negociaciones diplomáticas entabladas ese mismo año a causa del establecimiento de la British North Borneo Company en el norte de la isla, tuvieron como resultado el protocolo del 7 de mayo de 1885, donde suscrito por los representantes de España, Inglaterra y Alemania; declaraba que a cambio del reconocimiento de la soberanía española en Joló, el gobierno de este país debía renunciar a favor de Inglaterra, a cualquier pretensión de soberanía sobre los territorios del continente de Borneo y de las islas vecinas de Balambamgan, Banguey y Manali, así como a todos los territorios comprendidos en una zona de tres leguas marítimas a lo largo de la costa, que formaron parte de los territorios administrativos de la British Company hasta 1905.

3) Isla de Irlanda: Irlanda y Reino Unido

La isla de Irlanda (en irlandés, Éire; en inglés, Ireland) es la tercera isla más grande en Europa y la vigésima más grande del mundo.4 Se encuentra al noroeste de la Europa continental y está rodeada por cientos de islas e islotes. Antaño poseía una vegetación abundante, producto de su clima oceánico templado pero variable, lo que evita los extremos en la temperatura, pero en la actualidad es una de las zonas más deforestadas de Europa.

Al este de Irlanda, se encuentra la isla de Gran Bretaña, de la cual está separada por el mar de Irlanda. La República de Irlanda compone cinco sextas partes de la isla. Irlanda del Norte, un país constituyente del Reino Unido, cubre la sexta parte restante y está ubicada al noreste de la isla. Ocasional y coloquialmente es llamada «la Isla Esmeralda», haciendo referencia al intenso color verde de sus campos.

Historia

La isla de Irlanda ha estado poblada durante 9.000 años,

tiempo en el cual fueron registrados los primeros ancestros del pueblo irlandés, como los nemedios, fomorianos, Fir Bolgs, Tuatha Dé Danann y los milesianos (mitología celta). La invasión normanda durante la Edad Media dio paso a la Reconquista Tudor de Irlanda en el siglo XVI.

En el siglo XVIII, se designó un sistema de dominio protestante para poner en desventaja a la mayoría católica frente a la minoría protestante. En 1801, Irlanda se convirtió en parte del Reino Unido. Durante el siglo XIX Irlanda enfrentó una Gran Hambruna que impulsó a millones de irlandeses a emigrar. A inicios del siglo XX, la Guerra de independencia irlandesa tuvo como resultado la partición de la isla, al crearse el Estado Libre Irlandés que se volvió crecientemente soberano en las décadas siguientes. Irlanda del Norte siguió siendo parte del Reino Unido, aunque padeció conflictos civiles desde fines de los años 1960 hasta la firma de un acuerdo político en 1998. Hasta los años 1980, Irlanda era una economía subdesarrollada con un problema de emigración económica a gran escala.13 A partir de la década de 1990 la economía irlandesa (en particular la de la República de Irlanda) experimentó crecimiento económico sin precedentes, en un fenómeno conocido como el "Tigre Celta¨. La República de Irlanda adoptó el euro en 1999, mientras que Irlanda del Norte mantuvo a la libra esterlina como su moneda oficial.

La isla de Irlanda está dividida en dos estados:

A) La República de Irlanda: a menudo llamado Irlanda, con capital en Dublín.

B) Irlanda del Norte: pertenece al Reino Unido y se sitúa al norte de la isla ocupando una sexta parte de esta. Su capital es Belfast.

4) Isla La Española o Isla Santo Domingo: República Dominicana y Haití

La Isla la Española es la segunda isla más grande en el archipiélago de las Antillas Mayores. La isla está dividida entre dos estados soberanos, Haití y la República

Dominicana. La isla está situada entre la de Cuba al oeste, y la de Puerto Rico al este. La española es conocida por ser el lugar del primer asentamiento europeo en el Nuevo Mundo, descubierta por Cristóbal Colón en su primer viaje en 1492; y por el rol que jugó la isla durante el primer siglo de la Conquista. Es la décima isla más poblada del mundo, y la más poblada de América. Es la isla número 22 en tamaño en el mundo

<u>Historia:</u>

Cristóbal Colón llegó a la isla conocida por sus pobladores originales como Quisqueya, durante su primer viaje a América en 1492. En su llegada, fundó el fuerte La Navidad en la costa norte de la actual Haití. A su regreso, al año siguiente, tras la destrucción del Fuerte, Colón rápidamente fundó un segundo asentamiento más al este, en la actual República Dominicana, La Isabela, que fue el primer asentamiento europeo permanente en América.

La isla estaba habitada por los Taínos, uno de los pueblos indígenas Arahuacos. Los Taínos fueron los primeros que toleraron a Colón y su tripulación, y lo ayudaron a construir el Fuerte de la Navidad en lo que ahora es Môle Saint-Nicolas, Haití, en diciembre de 1492. También fueron los primeros en resistirse a la colonización europea incendiando el fuerte y asesinando a quienes les habían robado sus mujeres, esclavizado a sus hijos y asesinado a quienes se negaron a tolerar el pago de tributos mediante el trabajo forzado. El sometimiento de la isla comenzó seriamente el año siguiente, cuando 1.300 hombres llegaron desde España bajo el mando de Bartolomé Colón. En 1496 se fundó la ciudad Nueva Isabela. Después de ser destruida por un huracán, fue reconstruida al otro lado del río Ozama y la llamaron Santo Domingo. Es el más antiguo asentamiento europeo permanente en América. La población taína de la isla fue diezmada rápidamente, debido a una combinación de enfermedades y malos tratos por los españoles. En 1501, la colonia española empezó a importar esclavos africanos, creyendo que eran más capaces de realizar trabajo físico. Los indígenas carecían de inmunidad a la viruela y tribus enteras se extinguieron.8 De una población inicial estimada de 250.000 en 1492, los arahuacos se habían reducido a 14.000 el año 1517.

En 1574, un censo de las Antillas Mayores reportó 1.000 españoles y 12.000 esclavos africanos en La Española.10 La primera etapa colonial estuvo centrada en la explotación de los yacimientos de oro, y luego en la producción azucarera, la cual cayó en el siglo XVII. Así, los colonos comenzaron la producción de tabaco, jengibre, café y ganado.

A medida que España conquistaba nuevas regiones en el continente americano, su interés en La Española disminuía, y la población de la colonia crecía lentamente. A principios del siglo XVII, la isla y sus vecinas más pequeñas (en particular la Isla de la Tortuga) se convirtieron en un bastión para los piratas que surcaban el mar Caribe. Las devastaciones de Osorio produjeron una parálisis económica tal, debido al abandono de la agricultura y ganadería, que a partir de 1604 fue necesario el Situado, dinero que la Corona Española otorgó a partir del Tesoro de la Nueva España, y que era destinado a pagar los sueldos de los colonizadores en La Española y en Puerto Rico. En 1606, el rey de España ordenó que todos los habitantes de La Española se trasladaran a Santo Domingo, para evitar la interacción con los piratas. Sin embargo, esto contribuyó a que los piratas franceses, ingleses y neerlandeses sentaran bases en el norte y oeste de la isla abandonada.

En 1665, la colonización francesa de la isla fue reconocida oficialmente por el rey Luis XIV.

La colonia francesa le dio el nombre de Saint-Domingue, la cual se convirtió en la actual Haití. En el Tratado de Rijswijk de 1697, España cedió formalmente el tercio occidental de la isla a Francia. Saint-Domingue (oeste de la isla) rápidamente eclipsó al este, tanto en riqueza, como en población. Apodada la "Perla de las Antillas," se hizo la colonia más rica y próspera de las Indias Occidentales y una de las más ricas en el mundo, consolidando su estatus como el puerto más importante de América para los bienes y productos que entraban y salían de y hacia Europa. Después de la independencia de Haití, todo se revirtió, y Haití se convirtió en uno de los países más pobres de América y la República Dominicana se convirtió en la mayor economía de América Central y el Caribe.

5) Isla Grande de Tierra del Fuego: Chile y Argentina

La isla Grande de Tierra del Fuego está ubicada en el extremo sur de América, continente del que está separada por el estrecho de Magallanes. Por superficie, es la 29.ª isla del mundo y la mayor, con diferencia, de las islas del gran archipiélago fueguino. Limita con el canal Beagle al sur, el océano Atlántico al este, y el océano Pacífico al oeste.

Esta isla es compartida por Argentina y Chile, países a los que les corresponde la parte oriental y occidental, respectivamente. 21 263 km² pertenecen a la Argentina con el 48,51 % del total, mientras que 22 593 km² pertenecen a Chile con el 51,49 % del total de la superficie de la isla. La parte argentina de la isla corresponde a la provincia de Tierra del Fuego, Antártida e Islas del Atlántico Sur, cuya capital es la ciudad de Ushuaia. El sector chileno de la isla corresponde mayoritariamente a la provincia de Tierra del Fuego, perteneciente a la región de Magallanes y la Antártica Chilena; la capital de la referida provincia es Porvenir. El resto de la sección chilena de la isla corresponde a parte de la provincia de la Antártica Chilena, perteneciente también a la referida región

Historia

Pueblos indígenas de Tierra del Fuego: Una banda selknam, habitantes de las planicies del norte de la Isla Grande de Tierra del Fuego.

Fantásticos hombres con cola que el mapa de Alonso de Ovalle situaba como habitantes de Tierra del Fuego en 1646.

En cuanto a la población precolombina, el archipiélago fueguino ha estado habitado por el Homo sapiens desde hace unos 10. 000 años.

El primer poblamiento fue obra de paleo americanos, quienes habrían sido los antepasados de los yaganes, que habitaban principalmente la región oriental, y, quizás parcialmente, del kawésqar, que ocupaban las abruptas y anfractuosas costas occidentales.

Hacia el siglo XIV, los selknam (una etnia del conjunto amerindio, del subconjunto pámpidos y del linaje de los tehuelches, también llamados «patagones») ingresaron en Tierra del Fuego. Esta nueva población se instaló principalmente en la región esteparia, aproximadamente la mitad norte del archipiélago; los selknam, también llamados «onas» por los yaganes, llamaban a la isla Karukinka, 'nuestra tierra'. Posteriormente, un linaje del conjunto selknam accedió al extremo sureste del territorio y se mezcló con los yaganes, lo que dio origen a la etnia mánekenk, vulgarmente conocida como «haush» o «aush».

La inmensa mayoría de la población originaria de la isla pereció entre fines del siglo XIX e inicios del siglo XX, víctima principalmente de una campaña de exterminio llevada a cabo por los estancieros patagónicos. Actualmente, habita en la isla un número reducido de descendientes de los pueblos fueguinos.

<u>Época colonial</u>

Jacob Le Maire en este retrato porta un mapa que le acredita su principal descubrimiento: el Estrecho de Le Maire separa la Isla Grande de Tierra del Fuego de la Isla de los Estados (de contornos aún desconocidos para Le Maire), en consecuencia, aclara que Tierra del Fuego es una isla, no parte del hipotético continente llamada entonces Terra Australis Ignota.

Los primeros europeos que tuvieron contacto con esta isla fueron los miembros de una expedición española al mando de Fernando de Magallanes, hacia el 21 de agosto de 1520. El nombre se atribuye a la visión que tuvieron de ella estos primeros marineros europeos que exploraron sus costas: desde sus barcos divisaban sorprendentes y constantes fogatas. Así, fue nombrada "Tierra de humos", nombre que Carlos I de España modificaría a "Tierra del Fuego".

Las hogueras eran la forma en que los originarios se protegían del frío austral, indígenas selknam (u onas, en yagán) y yámanas (o yaganes) que, a pesar del duro clima, apenas utilizaban ropa. Sólo el fuego y su especial adaptación metabólica (temperatura corporal un grado superior a la nuestra) los mantenía calientes. Portaban hogueras encendidas incluso en las canoas de corteza de lenga, que utilizaban para pescar y cazar mamíferos marinos.

El 1 de noviembre de 1520, Magallanes y sus compañeros se adentraron en el estrecho que llamaron "De Todos Los Santos" (actualmente denominado Estrecho de Magallanes), e hicieron un reconocimiento de las costas septentrionales de la isla, creyendo que se trataba de una región litoral de la Terra Australis Incognita y no un conjunto insular de América. La travesía duró 19 días.

En 1525 Francisco de Hoces, separado de la Expedición de García Jofre de Loaísa, descubrió el Pasaje de Drake.

Hacia 1555 el español Juan de Alderete intentó una conquista de la Tierra del Fuego, pero, igual que Pedro Sarmiento de Gamboa, debió desistir ante las inclemencias climáticas.

El 24 de enero de 1616 el holandés Jakob Le Maire de la expedición de hermanos Jan y Willem Schouten, descubre el estrecho de Le Maire y da nombre a la isla de los Estados. El 29 de enero descubren y pasan el cabo de Hornos al que llaman así en homenaje al barco Hoorn.

En 1619 los hermanos Bartolomé y Gonzalo García de Nodal circunnavegaron el archipiélago fueguino enviados por el rey Felipe III de España. El segundo volvió al estrecho de Le Maire en 1622 pero murió antes de lograr llegar a la Araucanía. El 10 de febrero de 1619 descubrieron las islas Diego Ramírez.

En 1624 el holandés Jacques L'Hermite, regresando del Perú, dio nombre a las Islas Hermite y a la bahía Nassau y exploró Tierra del Fuego.

En 1643 el corsario neerlandés Hendrick circunnavegó la isla de los Estados demostrando que es una isla.

En 1765 se produjo en la caleta Falsa (sector argentino de la isla) el naufragio del buque Purísima Concepción, durante tres meses se estableció allí el primer asentamiento europeo en la isla, denominado Puerto Consolación. Los náufragos (193) fabricaron una embarcación que llamaron Nuestra Real Capitana San José y Las Animas y retornaron a Buenos Aires.

<u>Época republicana</u>

Ushuaia, capital de la Provincia Argentina de Tierra del Fuego.

Tras la independencia de Argentina y Chile, los dos nuevos estados discutieron largamente la soberanía sobre la isla. En julio de 1876 los cancilleres de ambos países, Bernardo de Irigoyen y Diego Barros Arana, dentro de un acuerdo general sobre las fronteras, decidieron dividir la isla con una línea imaginaria que separara el sector chileno, al oeste, del argentino, al este. La frontera convenida por ambos países en virtud del Tratado de Límites de 1881 se extiende desde el Cabo Espíritu Santo, en la boca del Estrecho de Magallanes, hasta el Canal de Beagle, siguiendo la longitud 68º 34' O. Desde décadas antes (1840) ya había comenzado el asentamiento de población blanca, iniciada con la introducción de misioneros anglicanos y católicos salesianos. Tras ellos llegaron los primeros estancieros, que iniciaron una fuerte presión sobre la población indígena.

En 1881 comenzaron a llegar a Tierra del Fuego buscadores de oro, que tras algunas investigaciones lograron hallar el preciado metal en la isla. La noticia se extendió rápidamente, dando paso a una fiebre del oro que atrajo numerosos inmigrantes europeos. Entre ellos llegó Julius Popper, que alcanzó a erigir un pequeño imperio minero, basado en cuestionados métodos, como el genocidio de la población autóctona.

La súbita riqueza aurífera permitió el establecimiento de las principales poblaciones urbanas, como Porvenir, en Chile, fundada en el año 1894. En el año 1884, en el sur de la Isla Grande, sobre el canal de Beagle, se estableció la Subprefectura de Ushuaia en la vecindad de la misión anglicana fundada en 1869. En el norte, se estableció en 1893 la misión salesiana sobre el Río Grande, a la vera del cual también comenzó a crecer un poblado ligado íntimamente a la actividad ganadera. En 1908 se fundó la localidad de Puerto Yartou. El Poblado de Río Grande se fundó oficialmente como colonia agrícola de Río Grande recién en 1921.

En los últimos años del siglo XIX se crearon las primeras grandes estancias ovejeras de la isla, propiedad de las familias Menéndez y Bridges

<u>6) Isla Timor: Indonesia y Timor Oriental</u>

Timor es una isla al sur del archipiélago malayo, dividida entre el estado independiente de Timor Oriental, y Timor Occidental, parte de la provincia indonesia de Nusa Tenggara Oriental. El nombre es una variante de timur, palabra que en malayo significa «este», llamada así por estar localizada en el confín oriental de una cadena de islas

<u>Historia</u>

La isla ha estado políticamente dividida en dos partes durante algunos años por colonias europeas: Timor a la derecha, conocido como Timor Holandés desde la primera década del siglo XIX hasta 1956 en que se convirtió en el Timor Indonesio, parte de Indonesia formada por las antiguas Indias Orientales Holandesas; y Timor a la izquierda conocido como el Timor Portugués desde 1596 hasta 1975. Timor Oriental incluye el enclave de Oecussi-Ambeno en Timor Occidental. Los Países Bajos y Portugal no resolvieron formalmente el contencioso fronterizo hasta 1914. Los portugueses descubrieron Timor en el inicio del siglo XVI, mientras que los holandeses llegaron más tarde (alrededor de 1600) y adquirieron del rajá de Kupang casi la totalidad de sus estados. Desde 1511 los dominicos establecidos en Solor enviaron a la isla algunos misioneros. Estos establecieron a mediados del siglo XVI una especie de gobierno eclesiástico que duró casi un siglo. El virrey de la india portuguesa puso fin a este estado, nombrado un gobernador de Timor en Solor. En 1719, durante el gobierno de Antonio de Alburquerque, los sultanes indígenas intentaron sublevarse contra la dominación de los portugueses, pero muy pronto se vieron obligados a capitular. En 1731 una nueva revolución, a la cabeza de la cual se encontraba un oficial portugués llamado Varella, puso fin a la dominación portuguesa. Todas las plazas de la costa cayeron en manos de los sediciosos, excepto Manatulo y Lifau, a donde se retiró el gobernador. Gracias a nuevos refuerzos, el gobernador acabó por pacificar la isla en 1732. Es en esta época cuando los holandeses comenzaron a aumentar sus posesiones. Tras una lucha bastante larga, los portugueses fueron vencidos en 1749, y en 1752 los holandeses celebraron un tratado con el rajá de Amanubang y en 1758 con el de Savu.

Durante las guerras napoleónicas, los ingleses ocuparon la isla, pero la devolvieron en 1814. Luego Holanda intentó comprar la parte portuguesa, pero su oferta fue rechazada, y en 1859 se firmó un tratado de límites, sin que se llegaran durante muchos años a ponerse de acuerdo sobre las fronteras. En 1914 el litigio fue sometido al arbitraje del ministro de Suiza en París, cuya decisión fue aceptada por las dos partes.

El ejército indonesio invadió Timor Oriental el 7 de diciembre de 1975, una semana después de la proclamación de la independencia de Lisboa. Desde entonces hasta septiembre de 1999, se registró en el territorio el mayor genocidio proporcional a la población de un país jamás verificado: 220.000 muertos, en una población que en 1975 se calculaba en 650.000 habitantes.

Tras su anexión por parte de Indonesia en 1976, Timor Oriental fue llamado Timor Timur o Tim-Tim. Yakarta lo consideraba la vigesimoséptima provincia del país, pero nunca fue reconocida por las Naciones Unidas. Después de un acto de autodeterminación en 1999, en el que la población rechazó la oferta de autonomía dentro de Indonesia, Timor Oriental accedió a la independencia en 2002

<u>7) Isla de Chipre: Chipre, Reino Unido y Turquía</u>

Chipre (en griego: Κύπρος, Kýpros; en turco: Kıbrıs), oficialmente la República de Chipre (en griego: Κυπριακή Δημοκρατία, Kypriakí Dimokratía; en turco: Kıbrıs Cumhuriyeti), es un estado miembro de la Unión Europea situado en la isla homónima, cuya forma de gobierno es la república presidencialista. Su territorio está organizado en seis distritos administrativos. Su capital es Nicosia.

Esta república es un estado internacionalmente reconocido, pero sólo controla dos tercios de la isla. El tercio restante (el norte de la isla) fue ocupado por Turquía en 1974, instaurando la República Turca del Norte de Chipre. Este último territorio sólo es reconocido por la República de Turquía. En la isla también se encuentran los enclaves soberanos de Acrotiri y Dhekelia, pertenecientes al Reino Unido.

La isla de Chipre está situada en el mar Mediterráneo, 113 km al sur de Turquía, 120 km al oeste de Siria, y 150 km al este de la isla griega de Kastellorizo. Chipre ingresó como miembro de las Naciones Unidas el 20 de septiembre de 1960.

Geográficamente, Chipre pertenece al suroeste asiático (más específicamente, al Cercano Oriente), pero política y culturalmente se considera como parte de Europa. Históricamente ha sido siempre un puente principal entre los tres continentes, África, Asia y Europa.

En tamaño, Chipre es la tercera isla del Mediterráneo, después de Sicilia y Cerdeña. Esta isla tiene una longitud de unos 160 km, a los que hay que añadir los 72 km de un estrecho brazo de tierra situado en su extremo nororiental. La anchura máxima de Chipre es de 97 km.

Por lo que la historia parece indicar, Chipre debió ser la "Kitim" de las Escrituras Hebreas. (Isa 23:1, 12; Da 11:30.) La isla era famosa no solo por su cobre, sino también por su excelente madera, en particular la de ciprés, que se exportaba a Tiro, en la costa fenicia, para la construcción de barcos

<u>Historia:</u>

La República de Venecia ejerció su dominio sobre Chipre desde 1489, hasta la invasión turco-otomana en 1570. Tras el Congreso de Berlín, Chipre pasó a administración británica el 12 de julio de 1878, siendo convertida oficialmente en colonia el 5 de noviembre 1914, con el inicio de la Primera Guerra Mundial.

En 1931 comienzan las primeras revueltas a favor de la enosis (unión de Chipre con Grecia). Tras el fin de la Segunda Guerra Mundial, los grecochipriotas aumentan la presión por el fin del dominio británico. El arzobispo Makarios lidera la campaña por la enosis y es deportado a las islas Seychelles en 1956 tras una serie de atentados en la isla.

En 1960, Turquía, Grecia y el Reino Unido (junto a las comunidades turcochipriota y grecochipriota) firman un tratado que declara la independencia de la isla y la posesión británica de las bases de Acrotiri y Dhekelia. Makarios asume la presidencia. La constitución indica que los turcochipriotas estarán a cargo de la vicepresidencia y tendrán poder de veto. Esa peculiar constitución que le fue impuesta dificultó el funcionamiento de Estado y las relaciones entre greco y turcochipriotas se hicieron tensas, desembocando en las explosiones de violencia intercomunitaria de 1963 y 1967.

El 15 de julio de 1974, un golpe «pro-griego», apoyado por la dictadura griega de los coroneles, depuso al gobierno legítimo, lo que provocó la reacción de Turquía, quien invadió y ocupó militarmente el tercio norte de la isla con 30.000 soldados,8 incumpliendo ambas partes la legalidad internacional. Éste es el origen de la República Turca del Norte de Chipre, un estado de facto que solo es reconocido por Turquía y la Organización de la Conferencia Islámica.

La República de Chipre entra como miembro de la Unión Europea en el 2004, año en el que se aplica un plan para la reunificación apoyado por las Naciones Unidas. Sin embargo, el referendo es rechazado por el 76% de los grecochipriotas.

En las elecciones presidenciales del 24 de febrero de 2008, tras la segunda vuelta de los comicios, salió vencedor, con el 53,36% de los votos, Dimitris Christofias, secretario general del Partido Comunista de Chipre (AKEL, antes Partido Progresista de los Trabajadores de Chipre), frente al 46,64 % del exministro de Asuntos Exteriores Ioannis Kasulides. Uno de los objetivos de su candidatura era la reanudación de las negociaciones para la reunificación de Chipre.

En elecciones posteriores el Partido Comunista pierde la mayoría, y en 2013 es electo presidente Nicos Anastasiades, líder del partido Agrupación Democrática. Actualmente el tercio norte de la isla está controlado por la autoproclamada República Turca del Norte de Chipre, no reconocida internacionalmente. La frontera entre ambas zonas es la llamada línea verde, fuertemente militarizada. Existen sólo cinco pasos fronterizos hacia el norte, y no se debe intentar cruzar por ningún otro lugar.

<u>8) Isla Sebatik: Indonesia y Malasia</u>

Isla Sebatik (Pulau Sebatik) es una isla de la costa este de Borneo, en parte, dentro de Indonesia y en parte dentro de Malasia. Es una de las 92 islas periféricas cotización oficial de Indonesia.

Sebatik tiene una superficie aproximada de 452,2 kilómetros cuadrados (174.6 millas cuadradas). La distancia mínima entre la isla y el continente Sebatik de Borneo es de aproximadamente 1 kilómetro (0,62 millas).

Sebatik isla se encuentra entre Tawau Bay (Teluk Tawau) al norte y Sebuku Bay (Teluk Sebuku) hacia el sur. La ciudad de Tawau se encuentra en Sabah, al norte. La isla está dividida en dos en aproximadamente 4 ° 10 'Norte por la frontera entre Indonesia y Malasia - la parte norte pertenece a Sabah, Malasia (Sebatik Malasia), mientras que la parte sur pertenece a Kalimantan del Norte (anteriormente Kalimantan Oriental), Indonesia (Sebatik Indonesia).

Sebatik Malasia tiene una población estimada en aproximadamente 25.000; hay aproximadamente 80.000

personas en Sebatik Indonesia.

La frontera internacional demarcada entre Malasia e Indonesia se detiene en el borde oriental de Sebatik isla, por lo que la propiedad de Unarang Roca y la zona marítima situada al este de Sebatik no está claro. Esta es una de las razones por las que la región Ambalat aguas y depósitos de petróleo crudo al este de la isla de Sebatik han sido el centro de una disputa marítima activa entre Indonesia y Malasia desde marzo de 2005. la ambigüedad de la frontera en el borde oriental se atribuye a veces como la razón de las dos cercanas islas de Sipadan y eran Ligitan determina que parte de Malasia, en lugar de Indonesia.

Si bien hay guardias de fronteras de la isla, no hay una oficina de inmigración, ningún edificio de la aduana, hay cerca de alambre de púas y no hay paredes que delimitan la frontera. En cambio, la única evidencia de una frontera son los pilotes de hormigón enterrados cada kilómetro de este a oeste.

Sebatik Island fue uno de los lugares en los que los intensos combates tuvieron lugar entre las tropas indonesias y las tropas de Malasia durante el 1963 Indonesia Malasia confrontación.

La compañía del Norte de Borneo Timbers operaba una concesión forestal en la isla hasta la década de 1980 y sus empleados en su mayoría extranjeros vivían en una comunidad autónoma en la bahía de Wallace. Sebatik Malasia está dentro de la división administrativa de Tawau. Para fines electorales, Sebatik cae dentro de la circunscripción parlamentaria de Kalabakan y el distrito de montaje estado de Sebatik.

Sitangkai Indonesia (en sus puntos más cercanos) es de aproximadamente 175 kilómetros (109 millas) a Sitangkai, Tawi-Tawi, Filipinas, el segundo punto más cercano entre los dos países después de la isla Miangas en el norte de Sulawesi.

9) Isla de San Marteen: Francia y Holanda

Es una isla caribeña de algo menos de noventa kilómetros cuadrados situada a unos 250 kilómetros al este de Puerto

Rico, al norte de la cadena de islas conocida como Antillas Menores, en la parte denominada Islas de Barlovento. Es un lugar de playas de arena blanca, temperaturas cálidas todo el año, escasas lluvias y, visto desde fuera, vida relajada. Un destino ideal para unas vacaciones al otro lado del Atlántico, conocido por sus playas nudistas, su animada vida nocturna, sus bebidas espirituosas y sus tiendas a pie de calle. En sus 87 km² hay varias curiosidades. La primera de ellas, que es una isla dividida entre dos países. La segunda que esos dos países están como a siete mil kilómetros de distancia.

La isla de San Marteen (en francés: Saint-Martin; en neerlandés, Sint Maarten) es una isla ubicada en el mar Caribe, aproximadamente a 240 km al este de la isla de Puerto Rico.

La isla, de 88 km² de superficie, está dividida en dos: la parte norte es la colectividad de ultramar francesa de San Martín, formada en 2007 después de su secesión del departamento de ultramar de Guadalupe, mientras que la parte sur corresponde a Sint Maarten, un país autónomo que forma parte del Reino de los Países Bajos y que fue parte hasta el 10 de octubre de 2010 de las Antillas Neerlandesas.

Colectivamente, ambos territorios son conocidos como St. Martin/St. Maarten o St. Martens. Las principales ciudades son Marigot, en el lado francés, y Philipsburg, en el lado neerlandés.

Inicialmente habitada por tribus indígenas. La isla fue divisada por el navegante Cristóbal Colón el 11 de noviembre de 1493, día de San Martín de Tours. Fue colonizada por los españoles hasta que éstos la abandonaron en 1648, y Francia y las Provincias Unidas firmaron un tratado que dividió su territorio en dos partes en ese mismo año; Francia mantuvo la parte mayor norte y los Países Bajos mantuvieron la parte sur.

La isla de San Martín ha sufrido en los últimos años un fuerte incremento demográfico, debido al fuerte desarrollo del turismo. La inmigración preponderante es de ascendencia haitiana, francesa y dominicana. En 2002 se estimaba una población en Saint-Martin de 31.397, mientras en Sint-Maarten era de cerca de 42.000 en 2005.

Aunque los idiomas más usados son el francés e inglés en sus diversas variantes, mezcladas con dialectos caribeños, también están presentes el español (con una estimación de cerca de 4.500 hispanoparlantes en toda la isla, y que suponen un 13% de la población de la parte sur), el neerlandés (oficial en la parte sur de la isla y hablado por el 8% de su población), el papiamento y el criollo.

10) Isla de Kataja: Finlandia y Suecia

Es el punto más oriental de Suecia, es un islote al sur de Haparanda en Norrbotten. Es parte del archipiélago de Haparanda. El islote tiene una superficie de 0,71 kilómetros cuadrados (0,27 millas cuadradas). Está a unos 2 kilómetros (1,2 millas) de largo y de 500 metros de ancho.

El nombre " Kataja " es finlandés de enebro. La isla está dividida entre Suecia y Finlandia. La frontera fue establecida en 1809 entre dos islas, una sueca más grande llamado Kataja y una más pequeña llamada finlandesa Inakari. En los años transcurridos desde entonces rebote post- glacial ha causado la tierra en la región a la altura con respecto al nivel del mar, que une las dos islas. La frontera ahora cruza la parte sureste de la isla combinada, y está marcado con mojones nacionales. Las playas de cantos rodados Ataja son en su mayoría con un poco de arena. La península oriental está cubierta de árboles de hoja caduca como el serbal, el aliso y el sauce, mientras que el resto está cubierto por árboles de coníferas.

11) Isla Marquet: Finlandia y Suecia

La isla Märket es una pequeña isla en el mar Báltico, compartida entre Finlandia (Estado libre asociado de Åland) y Suecia (provincia de Estocolmo y de Upsala). Rocosa, desnuda y con sólo un faro que funciona automáticamente, forma parte del archipiélago de Signilskär-Märket,

Probablemente emergió a la superficie durante el siglo XVI gracias al rebote isostático. Desde 1809 la isla se compartió entre Suecia y el Imperio ruso1 y se dividió con una frontera que la atravesaba de costa a costa, lo que la hace candidata al título de la isla del mundo más pequeña separada por una frontera terrestre internacional.2 Como el arrecife representa un peligro para la navegación, se construyó un faro en la zona supuestamente finlandesa, aunque en la revisión de la frontera se comprobó que estaba en la zona sueca; por ello se modificó la frontera. Desde que el faro se automatizó en 1977, Märket se encuentra deshabitada, aunque podría recibir un número creciente de turistas gracias a su fauna salvaje y como consecuencia de la restauración de los edificios que se inició en mayo de 2007.

Märket es una isla especial ya que está dividida por una frontera terrestre internacional, a pesar de su pequeño tamaño. De hecho, la frontera entre Finlandia y Suecia la atraviesa por en medio desde La costa oeste de la isla por tanto se encuentra administrada por Suecia, y está compartida por dos provincias: el norte está ligado al pueblo de Gräsö, en el municipio de Östhammar de la provincia de Upsala mientras que el sur está administrado por el pueblo de Singö, en el municipio de Norrtälje de la provincia de Estocolmo. La costa este de la isla se encuentra administrada por el municipio de Eckerö que pertenece al territorio autónomo finlandés de Åland.

Está frontera está señalada con 10 marcas en los peñascos, cada una en las zonas de inflexión de la frontera. Esas marcas se desplazan cuando es necesario debido a los reajustes de la frontera, cada 25 años. La materialización por otros medios se considera imposible debido a las condiciones meteorológicas hostiles a las que la isla se encuentra expuesta frecuentemente, entre las que se encuentran las olas incesantes y las heladas invernales.16 La única construcción en la isla, un faro erigido en 1885,4 constituye así el lugar y el edificio más al oeste de Finlandia.

Emersión y descubrimiento

La fecha exacta de la emersión de Märket debido a los efectos del rebote isostático es desconocida. Teniendo en cuenta la mínima altura de la isla y el ritmo del rebote postglacial de la región, superior a 5 milímetros por año, la isla debió estar cubierta por las aguas del mar Báltico hasta el siglo XVI.6 No se hace ninguna mención a la isla hasta el siglo XVIII, pero a partir de la década de 1800 la isla formará parte de numerosas encalladuras de barcos.

La frontera entre Suecia y el Imperio ruso se fijó el 1 de septiembre de 1809, tras la firma del Tratado de Fredrikshamn entre esos dos estados, lo que puso fin a la Guerra Finlandesa que hizo que el Gran Ducado de Finlandia pasase de manos suecas a manos rusas. Según ese tratado, las fronteras estarían fijadas sobre elementos geográficos (corrientes de agua, mares, etc.) y la frontera marítima estaría entonces marcada por el golfo de Botnia sobre una línea equidistante entre las costas suecas y finlandesas. Tras recoger detalles topográficos en 1811, se comprueba que la línea equidistante atraviesa de lado a lado la isla de Märket por lo que se divide entre los dos estados18 y se convierte en el punto más occidental del Imperio ruso.

El aislamiento y la peligrosidad de la isla para los barcos hizo de la isla una candidata ideal para construir un faro. La primera visita de marcación tuvo lugar en 1877 y la planificación comenzó bajo las órdenes del arquitecto Georg Schreck, quien se hará famoso por sus construcciones en Tampere como la del ayuntamiento de la ciudad. La mayor parte de la construcción se llevó a cabo en el verano de 1885 durante el cual los obreros se encontraron con condiciones climáticas difíciles, en particular con una fuerte tempestad que vino del norte durante el mes de mayo. En septiembre de 1885 los trabajos de construcción acabaron y el faro se inauguró el 10 de noviembre de 1885. El faro consiste en un edificio de 5 plantas que incluye un sótano, dos plantas de dormitorios, un desván y el faro propiamente dicho. En total está previsto para alojar a 5 personas que se encargaran del funcionamiento del faro. La luz, situada a 16 metros de altura, tiene un alcance de 8,5 millas náuticas. Otros dos edificios se encuentran adjuntos, un almacén y una sala de máquinas que se edificó durante la década de 1950. Diferentes equipos se sucedieron a lo largo de 91 años en el faro hasta que los últimos fareros lo abandonaron en 1976 y la automatización del faro se llevó a cabo al año siguiente.

Rectificación del trazado de la frontera

Las nuevas mediciones cartográficas efectuadas en 1981 demostraron que el faro, hasta entonces supuestamente construido en el lado finlandés de la isla, se encontraba en realidad en el lado sueco. Entonces Suecia y Finlandia se pusieron de acuerdo para modificar el trazado de la frontera con la intención de que el conjunto de construcciones de la isla (el faro y los edificios anexos) estuviesen en Finlandia a través de un intercambio de territorios. Las fronteras marítimas no podían cambiarse sin acarrear repercusiones en las zonas de pesca, por lo que se decidió que la misma superficie de terreno se intercambiaría en la misma isla, por lo que la frontera se modificó el 1 de agosto de 1985. Desde entonces tiene la forma de una S con una longitud de alrededor de 490 metros, cuando anteriormente tenía sólo unos 100 metros.

Necesidad de restauración de las instalaciones

Tras la automatización del faro a principios del año 1977, la ocupación permanente de la isla se ha detenido y las visitas son más esporádicas. El cuaderno de bitácora del farero conserva historias de los pescadores, de los guardias fronterizos, del guardián, de los radioaficionados y de algunas personalidades que han visitado la isla. De hecho, los radioaficionados tienen un interés particular por la isla de Märket, ese territorio aislado que para ellos es como un país separado conocido bajo el nombre de Market Reef. Muchos de los edificios (el complejo de habitaciones y el almacén) han estado durante mucho tiempo abandonados y esto ha hecho que se hayan degradado desde la salida de los últimos fareros. Para conmemorar los 30 años de la partida de los fareros, la autoridad postal de Åland ha impreso para los amantes de la filatelia dos series limitadas de sellos conmemorativos con una tirada de 5.000 y 10.000 ejemplares. En cooperación con la asociación finlandesa de faros, se ha organizado además una operación que pretende sellar los sellos en la isla y los beneficios de esta operación se dedicarán a la restauración de los edificios.

<u>Inicio del turismo en Märket</u>

Un Ferry se acerca al puerto principal del archipiélago de Åland. El crecimiento del turismo en el territorio autónomo abre nuevas oportunidades de desarrollo turístico en Märket. La asociación finlandesa de faros, una organización ligada a la administración marítima finlandesa con más de 250 miembros se ha fijado como objetivo desde su creación restaurar los faros de Finlandia que se encuentran abandonados y revalorizar el patrimonio, sobre todo a través de la explotación turística.

En 2007, un pequeño grupo de voluntarios de la asociación desembarcó en la isla, tras alquilar las instalaciones a la administración marítima finlandesa para el verano, con el objetivo de restaurar a fondo el faro y para desarrollar el turismo en la isla. La asociación ha seguido el ejemplo del faro del islote de Bengtskär, situado cerca de Hanko, que se encontraba abandonado en 1985 y que acoge actualmente a más de 10.000 turistas anuales de los cuales al menos 1.000 pasan una noche en el islote. Los voluntarios se relevaron en Märket cada semana del verano de 2007. Durante este tiempo, publicaron un diario en inglés y estudiaron la isla y su entorno detalladamente.

Por primera vez, las visitas turísticas se han organizado desde Eckerö gracias a barcos que transportan a grupos de cuatro a doce turistas entre una y dos veces por semana. El trayecto de ida dura unos 45 minutos, pero depende en gran medida de las condiciones meteorológicas porque debido a la falta de un verdadero puerto, la aproximación a Märket no es posible en condiciones de marejada fuerte.

12) Isla de Koiluoto: Finlandia y Rusia

Koiluoto (en ruso, Койлуото, en finés, *Koiluoto*) es el nombre que recibe una isla en la bahía de Virolahti del golfo de Finlandia, en él mar Báltico, dividida por una línea fronteriza entre Finlandia (oeste ocupa la mayor parte) y la Federación de Rusia (este). La isla tiene unos 200 metros de largo y alrededor de 110 m de ancho. En la isla hay dos colinas, 2,9 y 3,1 metros respectivamente. Es una de las islas dividida entre dos países más pequeña del mundo.

13) Islas lacustres: Entre Noruega, Suecia y Finlandia:

Treriksröset (en sueco), Treriksrøysa (noruego), Kolmen Valtakunnan Rajapyykki (finés) es el punto en el que se cruzan las fronteras de Suecia, Noruega y Finlandia. El nombre significa, aproximadamente, "Montículo de las tres naciones", y se conoce como tal por el montículo de piedras erigido en el lugar en 1897 por Noruega y Rusia, que administraba Finlandia en aquel momento. Los gobiernos sueco y noruego no se pusieron de acuerdo para establecer una comisión bilateral de demarcación de las fronteras, por lo que hasta 1901 Suecia no contribuyó al monumento. Es el punto más septentrional de Suecia, y también el lugar más occidental de la Finlandia continental. El monumento actual, que fue construido en 1926, es una piedra troncocónica hecha de hormigón, situada a unos diez metros de la orilla del lago Goldajärvi.

El monumento es accesible desde los tres países que lo circundan. El pueblo finés de Kilpisjärvi se encuentra a poco más de tres kilómetros del lugar. Desde allí se puede acceder a través de un barco que opera durante los meses de verano a la localidad finesa de Koltaluokta, a ocho kilómetros de allí, y a otros tres kilómetros del monumento.

Existe un sendero de unos once kilómetros de largo que parte de la Ruta Europea E8, dos kilómetros al norte de Kilpisjärvi, y que lleva directamente al trifinium a través de la Reserva natural de Malla. La senda está marcada mediante postes de cuarenta centímetros de alto y cuya parte superior está pintada de naranja.

14) Isla Province: Canadá y Estados Unidos

La isla de la Provincia (en francés: *Île de la Province*), en inglés, *Province Island* es una isla en su mayoría en la provincia canadiense de Quebec, pero en parte en el estado norteamericano de Vermont. Está situada en el lago Memphremagog. El área total de la isla es de 0,31 km². Aunque 0,028 km² en su extremo sur es parte de los EE.UU. (condado de Orleans en el Estado de Vermont), la parte predominante pertenece a la ciudad de Magog (conocido como Mem-Toag por los nativos americanos del Norte). A finales del siglo 18 un pionero llamado Martin Adams y su esposa construyeron una casa en la isla, donde crecía el lino y las verduras. La isla era conocida anteriormente como Zabriskie y la isla de Howard. La frontera entre Canadá y los EE. UU. se caracteriza por una franja de cinco metros marcados en el bosque por los árboles.

15) Isla Pollatawny: Reino Unido y República de Irlanda

La isla de Pollatawny, es una minúscula isla situada en el lago irlandés de Vearty, justo en el lugar por el que discurre la frontera entre Reino Unido e Irlanda.20) Isla Bolshoy: República Popular China y Rusia.

16) Isla Corocoro: Venezuela y Guyana

Es una isla ubicada en el delta del río Barima, en el océano Atlántico entre las costas de Venezuela y Guyana, que en su mayor parte pertenece a Venezuela, que la administra como parte del estado Delta Amacuro, Una pequeña porción oriental de la isla es administrada por Guyana en la zona reclamada por Venezuela conocida como Guayana Esequiba, Venezuela reclama la isla en su totalidad.

La parte norte de la isla está abierta al océano, pero la parte sur forma un canal estrechamente pegado a la costa, y siendo la isla pantanosa y llana, es inundable.

Se encuentra en la parte más oriental de Venezuela en el estado Delta Amacuro, frontera con Guyana, al este de la llamada "Boca Grande" del Delta del río Orinoco.

En la isla de Cococoro se encuentra el límite actual entre Venezuela y Guyana conocido como Punta Playa.

La isla fue dividida entre Venezuela y Guyana tras el Laudo Arbitral de 1899, a Venezuela se le reconoció la parte occidental y central de la isla, Guyana se quedó con una porción de la parte oriental.

Venezuela declaró nulo e irrito el Laudo Arbitral de 1899, y reclama la totalidad de la isla como parte de la Guayana Esequiba, desde que Guyana se independizo en 1966 administra una pequeña porción en el extremo este de la isla, el resto (la mayor parte) continua bajo control de Venezuela como parte del estado Delta Amacuro)

La parte venezolana de la isla (68.500 hectáreas o 685 km²) forma parte de una Reserva natural protegida por el Gobierno Venezolano, denomina Reserva Imataca, siendo parte de la llamada Zona de protección costera.

<u>17) islas Martín García - Timoteo Domínguez: Argentina y Uruguay</u>

La isla Martín García es un basamento rocoso e histórica del Río de la Plata perteneciente a la República Argentina, que en la década de 1980 se fusionó con la isla aluvional Timoteo Domínguez de Uruguay pasando a conformar una isla con fronteras internacionales internas y sin un nombre común para el conjunto. Forma parte del partido de La Plata en la provincia de Buenos Aires desde su incorporación a esa provincia por la sanción de la ley N.º 14411 el 19 de junio de 1955, siendo previamente un territorio no organizado bajo jurisdicción federal.

Desde la entrada en vigencia del Tratado del Río de la Plata de 1973 Uruguay abandonó sus reclamos sobre la jurisdicción de la isla, que quedó situada como un enclave en aguas de uso común para los dos países, pero rodeada del sector del Río de la Plata cuyo lecho y subsuelo fue adjudicado a Uruguay por el tratado. Dicho tratado vedó el uso de la isla para fines militares y la destinó exclusivamente a reserva natural para la conservación y preservación de la fauna y flora autóctonas, estableciendo también que sea la sede de la Comisión Administradora del Río de la Plata.

Martín García está ubicada a 3,3 km de la punta de Martín Chico en Uruguay y a 1,5 km del grupo de islas aluvionales argentinas que integra la isla Oyarvide. Se encuentra prácticamente en la estratégica confluencia del río Uruguay con el Río de la Plata.

La isla cuenta con aproximadamente 168 hectáreas y una población estable aproximada a 180 habitantes. La Dirección de Islas del Ministerio de Gobierno de Buenos Aires se encarga de la conducción administrativa de la isla, y el Ministerio de Asuntos Agrarios de Buenos Aires está a cargo de la preservación de la flora y de la fauna. Constituye una reserva natural de uso múltiple, respetándose las reservas establecidas en el Tratado del Río de la Plata. Dicho tratado vedó el uso de la isla para fines militares y la destinó exclusivamente a reserva natural para la conservación y preservación de la fauna y flora autóctonas, estableciendo también que sea la sede de la Comisión Administradora del Río de la Plata.

Timoteo Domínguez se encuentra en el sector noroeste de Martín García y fue anteriormente conocida como *punta Bauzá* por Argentina, que disputó su posesión hasta 1973. Las dos islas se unieron naturalmente debido a la sedimentación aluvional, por lo cual, desde el acuerdo del 18 de junio de 1988 entre ambos gobiernos se ha establecido una frontera seca entre Martín García y Timoteo Domínguez. Otros depósitos aluvionales crearon frente a la costa noroeste de Martín García los islotes Hércules, actualmente fusionados y bajo soberanía uruguaya.

La isla Martín García se hallaba en el área que charrúas guaraníes chandules disputaban y fue descubierta por europeos en la expedición de Juan Díaz de Solís en 1516. Debe su nombre al despensero de la expedición, Martín García, quien murió a bordo y su cadáver fue sepultado en la isla. Ese desembarco fue el primero fehacientemente comprobado que europeos produjeron en territorio de la actual Argentina. Posteriormente la isla fue disputada permanentemente por España y Portugal debido a su estratégica posición en medio del cauce principal del río y como puerta de entrada a sus principales tributarios, los ríos Paraná y Uruguay.

Desde 1765 funcionó como cárcel y lugar de destierro, al mando de un comandante del Presidio de Martín García que contaba con una guarnición de soldados del Regimiento de Infantería de Buenos Aires. Al crearse en Virreinato del Río de la Plata el primer virrey, Pedro de Cevallos, la fortificó y convirtió en guarnición militar.

Luego de la Revolución de Mayo de 1810 el secretario de la Primera Junta de Buenos Aires, Mariano Moreno, en su secreto Plan de operaciones, propuso cederla al Reino Unido para hacer de ella una base militar de una potencia extranjera enemiga de España, pero la isla fue ocupada por los realistas de Montevideo.

Iniciada la Campaña Naval de 1814, entre el 10 y 15 de marzo de ese año se produjo el Combate de Martín García entre las fuerzas navales realistas al mando de Jacinto de Romarate y la flota de Buenos Aires al mando de Guillermo Brown. Luego del desembarcó y asalto de la isla por las fuerzas de Brown, fue evacuada por los realistas quedando en manos de las Provincias Unidas del Río de la Plata.

En 1826, durante la guerra del Brasil, fue ocupada brevemente por las fuerzas brasileñas y liberada nuevamente por Brown, que la artilló.

La isla fue escenario de otros combates durante el proceso del surgimiento del Estado Argentino. Durante el Bloqueo francés al Río de la Plata contra el gobierno de Juan Manuel de Rosas en la Provincia de Buenos Aires, Martín García fue atacada y tomada el 11 de octubre de 1838 por fuerzas francesas coaligadas con el Partido Colorado de Uruguay y el Partido Unitario argentino, produciéndose el Combate de Martín García (1838). La isla fue devuelta en noviembre de 1840. Posteriormente fue ocupada por fuerzas de Montevideo aliadas a los unitarios exiliados. En 1843 fue recuperada por las tropas federales de Rosas, pero en septiembre de 1845 Giuseppe Garibaldi la reconquistó para Montevideo. En 1852 fue devuelta a la Confederación Argentina. Durante la Guerra entre la Confederación Argentina y el Estado de Buenos Aires se produjeron dos nuevos combates en torno a la isla: Combate de Martín García (1853) y Combate de Martín García (1859).

A fines de siglo XIX Domingo Faustino Sarmiento propuso fundar en la isla la ciudad de Argirópolis como capital de un estado que reuniría a (por lo menos) la Argentina, el Uruguay y el Paraguay. Tras la Conquista del Desierto, muchos de los jefes indígenas capturados fueron confinados allí. Desde 1886 fue jurisdicción de la Armada Argentina.

Ya en 1900 existía en la isla un presidio y un lazareto además de importantes baterías de artillería, también en esa época la isla era una de las canteras proveedoras de piedra para el adoquinado de la ciudad de Buenos Aires. En 1936 se instalaron las fuerzas de defensa de la Zona del Plata y más tarde la Sub-área Naval del Plata, y en 1950 se creó el Centro Provisorio de Reclutamiento.

Debido a su polémica histórica, la calidad de enclave argentino rodeado por aguas uruguayas que actualmente posee la isla Martín García surge recién tras la firma del Tratado del Río de la Plata entre la República Oriental del Uruguay y la República Argentina a mediados de 1973; en efecto, por estos tratados la isla está rodeada por aguas de jurisdicción uruguaya, aunque la distancia respecto al resto del territorio argentino es inferior a los dos kilómetros.

A cambio del reconocimiento de la soberanía argentina sobre la isla Martín García, Argentina debió reconocer la soberanía uruguaya de la isla Timoteo Domínguez (un banco aluvional hoy ya adosado al borde norte de Martín García). La solución adoptada, si bien no conformó a ninguna de las partes, permitió llegar a una fórmula de *mal menor*, en el límite de lo aceptable para ambas naciones.

El art. 45 del tratado señala: *la Isla Martín García será destinada exclusivamente a reserva natural para la conservación y preservación de la fauna y flora autóctonas, bajo jurisdicción de la República Argentina.* Por otra parte, se delimitó un deslinde que acota la extensión de Martín García hacia el norte y al sudeste, porque teniendo en cuenta el enorme arrastre aluvional existente en la zona, se previó que se produciría su unión con la isla Timoteo Domínguez, de jurisdicción uruguaya, cosa que ya es realidad. La adición aluvional que se deposite en los frentes de Martín García que miran al canal de Martín García (o «Buenos Aires»), y al canal del Infierno pertenecerá a la Argentina, en virtud del art. 46.

En 1985 la Armada transfirió a la provincia de Buenos Aires la propiedad de los edificios e instalaciones existentes en la isla. En la actualidad la isla es un destino turístico en el cual se pueden visitar -entre varias otras cosas- el antiguo "Barrio Chino", los restos de las fortificaciones, del lazareto y del presidio, así como la flora y fauna nativa. Aunque con una producción pequeña, es famoso el pan dulce elaborado en Martín García.

18) Isla Dale: Estados Unidos y Canadá:

La 28ª isla más grande de Norteamérica está situada en el Archipiélago Alexander, en la costa suroeste de Alaska. La comparten los Estados Unidos y Canadá, siendo la única isla marítima dividida entre ambos países. No obstante, no se ponen de acuerdo en lo que respecta a la soberanía de las aguas que la separan de la costa.

19) Islas Diomedes: Entre Estados Unidos y Rusia

Las islas Diómedes, también conocidas como islas Gvozdev en Rusia, son dos pequeñas islas rocosas de pequeñas dimensiones. Se hallan en medio del estrecho de Bering, entre el mar de Chukchi y el mar de Bering.

Estas islas se encuentran, a su vez, entre Alaska (USA) y la península de Chukotka (Federación Rusa). La isla occidental, conocida como Diómedes Mayor, Imaqliq, Nunarbuk o Ratmanov, pertenece a la Federación Rusa, mientras que la isla oriental pertenece a los EE. UU. Esta última, Diómedes Menor, también es conocida como isla Krusenstern o Inaliq. Las islas se encuentran separadas por una frontera internacional, y entre ellas pasa la Línea internacional de cambio de fecha, es decir, que hay un día de diferencia horaria entre ambas islas, aunque la hora solar sea la misma.

La isla rusa se halla deshabitada, pero en la estadounidense viven unas 170 personas.

El canal con 3,7 km de anchura que las separa se congela y puede ser atravesado a pie en invierno, constituyendo así el único punto del globo desde el que se puede pasar caminando de la Federación Rusa a Estados Unidos y viceversa.

Las bajas temperaturas que azotan esta remota región del mundo hacen posible que se pueda viajar caminando (o en su defecto en moto de nieve) de una isla a otra la gran parte del año, algo que, aunque no está exento de peligros nos permitirá viajar en el tiempo un día ya que la línea internacional de cambio de fecha discurre entre ambos peñascos.

Ambas islas siempre fueron habitadas por esquimales (Inupiat); fueron descubiertas por exploradores rusos, país al que pertenecieron hasta que Rusia vendió Alaska a los EE. UU en 1867 por 7,2 millones de dólares de la época, fijándose entonces la frontera entre ambos países entre las dos islas.

Durante la guerra fría se cerró la frontera y se prohibió la circulación de personas entre ambas islas, el "telón de hielo" se llamó a la zona, comparándolo con el "telón de acero" europeo.

20) Isla Usedom: Polonia y Alemania

La isla Usedom (en polaco, *Uznam*) es una isla costera del mar Báltico ubicada frente a la desembocadura del Rio Oder, separando la laguna Szczecin del mar abierto. La isla es parte de Alemania y parte de Polonia. La isla pertenece a la región alemana de Pomerania Occidental (*Ostvorpommern* en alemán, *Pomorze Zachodnie* en polaco), Distrito de Pomerania Oriental, excepto la villa polaca de Świnoujście, ubicada en la parte más oriental de la isla, posee una superficie total de 445 km² (de los cuales 373 km² corresponden a la parte alemana y 72 km² a la parte polaca) y una población total de 76.500 personas (31.500 del lado alemán y 45.000 del lado polaco Durante las semanas finales de la Segunda Guerra Mundial en marzo de 1945, un total de 671 bombarderos de la Fuerza Aérea de los Estados Unidos arrojaron 1.600 toneladas de bombas sobre la isla ocasionando 23.000 víctimas mortales. Al finalizar la guerra, el territorio de la isla fue dividido y cerca de un 16 % del total pasó a estar bajo administración de Polonia.

La situación fronteriza cambió radicalmente después del ingreso de Polonia como miembro de la Unión Europea (UE) en mayo de 2004.

Con un promedio de 1906 horas de sol al año, es el lugar más soleado de Alemania. El turismo es la principal industria de esta isla que es famosa por sus tres balnearios marítimos imperiales: Ahlbeck, Heringsdorf y Bansin.

Capítulo 7: Islas lacustres (se hallan en lagos)

En las siguientes islas, a pesar de estar en lagos, también están compartidas por dos o más países. En todos los casos, se conviven de manera pacífica y sin ningún tipo de problemas entras esas naciones como así también colaboran en diversos niveles, para una mejor calidad de vida de los habitantes.

• Treriksröset : Entre Noruega, Suecia y Finlandia la frontera cairn en el trifinio de 10 metros desde la orilla del lago Goldajärvi/Koltajauri, y por lo tanto podría decirse que una pequeña isla artificial. Alrededor de 14 km cuadrados.

Entre Noruega y Rusia: En Klistervatn: Store Grenenholmen y en Grensevatn: Korkeasaari y un islote sin nombre·

Entre Finlandia y Rusia:
• Äikkäänniemi en Nuijamaanjärvi

- Suursaari y una pequeña isla en Yla-Tirja
- Tarraassiinsaari, Härkäsaari y Kiteensaari en Melaselänjärvi
- Rajasaari en Kokkojärvi
- Kalmasaari en Vuokkijärvi
- Varposaari en Hietajärvi
- Parvajärvensaari en Parvajärvi
- Keuhkosaari en Pukarijärvi / Ozero Pyukharin
- Siiheojansuusaari y Tossensaari en Onkamojärvi / Ozero Onkamo

<u>Entre</u> Finlandia <u>y</u> Noruega:

- Isla en Kivisarijärvi/Keđgisualuijävr' Isla en lago SE.

<u>Entre</u> Suecia <u>y</u> Noruega:

- Isla en Sör Vammsjön/Vammen Søndre
- Hisön/Hisøya en Norra Kornsjön/Nordre Kornsjø
- Kulleholmen/Kalhom y Tagholm/Tåkeholmen in Södra Boksjön/Søndre Boksjø
- Salholmen y Trollön en Stora Le/Store Le
- Isla en Tannsjøen/Tannsjön
- Linneholmene en Helgesjö
- Jensøya en Holmsjøen
- Storøya en Utgardsjøen
- Fallsjøholmen en Fallsjøen (Nordre Røgden)
- Isla en Kroksjøen
- Isla en Vonsjøen
- Isla en Skurdalssjøen/Kruehkiejaevrie
- Isla en un lago a una altitud de 710 m en el río Gihcijoka
- Tres islas en Čoarvejávri

<u>Entre</u> Lituania <u>y</u> Bielorrusia:

- Sosnovec y otras islas sin nombre en el lago Drūkšiai

<u>Entre</u> Etiopía <u>y</u> Yibuti<u>:</u>
- Isla aguas afuera del cabo Aleilou en el lago Abbe

<u>Islas fluviales (en ríos)</u>
- Isla en el río Mosela cerca de Schengen: mayoritariamente en Francia, el extremo en el Mosela es un condominio compartido por Luxemburgo y Alemania.
- Bolshoy Ussuriyskiy (Heixiazi) en la confluencia de los ríos Ussuri y Amur, entre la República Popular China y Rusia.
- Bolshoy (Abagaitu) en él río Argun, entre la República Popular China y Rusia.
- Isla Corocoro en el delta del río Barima: dividida entre Venezuela y Guyana
- Isla San José, Rio Negro: entre Colombia y Brasil.
- Las partes bajas del río Ganges, Teesta y Brahmaputra, acercándose al delta del Ganges, son anamastosados y tienen numerosas islas arenosas llamadas *chars*. Estas pueden ser grandes y habitadas, pero no son permanentes. En un momento dado, es probable que varias estén a horcajadas de la frontera entre India (Assam y Bengala Occidental) y Bangladés, aunque esta frontera no está totalmente especificada.
- Una isla rotulada 'Q' en el río Maritsa, entre Grecia y Turquía.
- Un islote en el Uutuanjoki, entre Finlandia y Noruega.
- Un islote en el Vadet cerca de Tunnsjø, entre Noruega y Suecia.
- Un islote en la orilla occidental del campo de golf que se extiende por los municipios de Tornio en Finlandia, y Haparanda en Suecia está atravesado por la

frontera internacional.

· Un islote en el río Éufrates en la frontera de Iraq y Siria.

· Un área entre él río Orinoco y el Casiquiare - Rio Negro - río Amazonas compartida por Venezuela, Guyana, Surinam, Francia y Brasil es la mayor bifurcación fluvial (división) en el mundo.

Capítulo 8: Islas históricamente divididas

Muchas islas han estado divididas por una frontera internacional en el pasado, pero ahora están unificadas. Las fronteras definitivas de los modernos estado-nación no se aplicaban en otras formas de organización social, donde el concepto de "islas divididas" puede ser menos notable. Por ejemplo, en la antigua Grecia, la isla de Eubea se dividió entre varias ciudades-estado, incluyendo Calcis y Eretria, y antes de la colonización europea, Tasmania se dividió entre nueve tribus indígenas. En tiempo de guerra, las islas podían estar divididas entre un invasor y quien defiende el poder, como en la guerra de Creta entre él Imperio Otomano y la República de Venecia.

Ejemplos destacados de islas anteriormente divididas son:

· Isla de Córcega : dividida entre la República de Pisa y República de Génova desde un edicto del Papa Inocencio II en 1132 hasta la Batalla de Meloria en 1284; posteriormente parte de Génova, Aragón, Génova de nuevo, la República

Corsa y Francia.

• Isla de Cerdeña : dividida entre giudicati indígenas desde antes de 900 hasta la extinción de Arborea en 1420; y desde entonces ha sido parte de Aragón, España, Piamonte-Cerdeña e Italia.

• Isla de Saaremaa: (1237-1570) y Hiiumaa (1254-1563) - dividida entre la Orden de Livonia y el Obispado de Ösel-Wiek (Dinamarca después de 1560) Posteriormente fueron parte de Dinamarca (solo Saaremaa), Suecia, Rusia Imperial, Estonia, la Unión Soviética y Estonia de nuevo.

• Isla de Tobago : desde 1654-1659 hubo colonias, tanto de Curlandia y los Países Bajos, aunque ambos pronto fracasaron. Más tarde, parte de Francia, Gran Bretaña/Reino Unido y Trinidad y Tobago.

• Isla de Ternate : dividida entre España aliada con Tidore y los Países Bajos aliados con el Sultan de Ternate desde 1607 hasta 1663. Más tarde, holandesa y de Indonesia.

• Isla de Long Island : dividida entre los Países Bajos y Reino de Inglaterra desde 1640 (*de facto*: la fundación de Southold) o 1650 (*de jure*: el Tratado de Hartford) hasta la rendición de Nueva Holanda en 1664; posteriormente inglesa/británica y Estados Unidos.

• Isla de Gran Bretaña : Dividida antes de 1707, cuando él Reino de Inglaterra y el Reino de Escocia aprobaron el Acta de Unión; y desde entonces parte del Reino de Gran Bretaña / Reino Unido.

• Isla de Terranova : dividida entre Inglaterra / Gran Bretaña y Francia hasta el Tratado de Utrecht en 1713; posteriormente británica/independiente/Canadá.

• Isla de Saint Kitts : dividida entre Inglaterra /

Gran Bretaña y Francia desde 1626 hasta el Tratado de Utrecht en 1713; posteriormente británicos/Saint Kitts y Nevis. (Tanto Francia como Gran Bretaña ocuparon toda la isla durante varias guerras antes y después de 1713.)

• Isla de Elba_: Dividida desde 1548 hasta 1802. Portoferraio pertenecía al duque de Florencia (más tarde, el Gran Ducado de Toscana) desde 1548 hasta ser cedida a Francia en 1802 bajo el Tratado de Amiens. Porto Longone pertenecía al Estado de Presidi, un cliente de la primera España y entonces el reino de Nápoles, desde 1557 hasta ser cedida a Francia en 1801 por él Tratado de Florencia (1801). El resto de la isla pertenecía al Principado de Piombino hasta ser conquistada por Francia, que, en 1802, hizo la isla entera parte del reino de Etruria. Posteriormente fue parte de Francia, Piombino, Piombino bajo Elisa Baciocchi, bajo la soberanía de Napoleón por el Tratado de Fontainebleau, parte de la Toscana de nuevo, y, finalmente, parte de Italia.

• Isla de Efate : Dividida durante varios meses en 1889 entre Franceville y las Nuevas Hébridas, a continuación, bajo una junta naval conjunta anglo-francesa.

• Isla de Sajalín : dividida entre la Rusia Imperial / Unión Soviética y el Imperio de Japón por el paralelo 50º Norte desde el Tratado de Portsmouth (1905) en 1905 hasta la rendición de Japón en 1945; posteriormente totalmente parte de la Unión Soviética/Federación de Rusia. Japón aún se refiere a la soberanía de esta isla como indeterminada, y con frecuencia se muestran en los mapas japoneses como la tierra sin habitantes.

• Isla Killiniq : dividida entre Canadá y la Colonia de Terranova/Dominio de Terranova desde la Fundación de Canadá en 1867 hasta su unión con Terranova en 1949.

- Isla Ankoko ; en el río Cuyuni en la frontera entre Venezuela y Guayana Británica (ahora Guyana).

- Isla de Zhongshan Dao : en él Delta del Río Perla fue dividida entre China y Macao desde el Tratado de Tientsin en 1862 hasta Macao devuelto a China en 1999.

Unas pocas antiguas islas han desaparecido:

- Isla Vozrozhdeniya : en él mar de Aral fue dividida entre Uzbekistán y Kazajistán, cuya frontera se convirtió en una frontera internacional en 1991 con la disolución de la Unión Soviética. En 2002, la isla se había convertido en una península debido a la caída del nivel de agua en el mar de Aral.

- El archipiélago Bogomerom en él lago Chad fue dividido entre Chad y Nigeria. El nivel del agua ha variado siempre, pero ahora ha caído de tal manera que esta tierra está permanentemente por encima de la línea de costa.

Capítulo 9: Posición de otros países

Durante la Guerra de las Malvinas en 1982, los Estados Unidos adoptaron una posición de neutralidad oficial sobre la cuestión de la soberanía de las islas. Sin embargo, esta neutralidad fue controvertida y causó tensiones con varios países latinoamericanos. Durante la crisis, hubo divisiones dentro del equipo de política exterior del presidente Ronald Reagan:

- El embajador ante las Naciones Unidas Jeane Kirkpatrick prefería mantener buenas relaciones con Argentina.

- El secretario de Defensa Caspar Weinberger argumentaba en favor de apoyar a Gran Bretaña.

- El secretario de Estado Alexander Haig propuso una postura equilibrada entre ambos países.

La decisión de los Estados Unidos de apoyar a Gran Bretaña se debió a varios factores:

- La alianza estratégica con el Reino Unido.

- Las preocupaciones sobre la influencia soviética y cubana en América Latina.

- La percepción de que Argentina estaba gobernada por un régimen militar autoritario.

<u>Impacto en las relaciones con Latinoamérica</u>

El apoyo de los Estados Unidos a Gran Bretaña durante la Guerra de las Malvinas marcó un punto de inflexión en las relaciones entre Washington y muchos países latinoamericanos:

- Se consideró como una ruptura con la tradición de la política de buen vecino de Franklin D. Roosevelt.

- Contribuyó a crear una brecha entre los Estados Unidos y la región que aún persiste en cierta medida.

<u>Posible cambio de actitud actual</u>

Recientemente, algunos analistas han sugerido que los Estados Unidos podrían reconsiderar su posición histórica:

- Reconocer que la elección de Gran Bretaña sobre la soberanía británica no es necesariamente compartida por todos los estadounidenses.

- Considerar la posibilidad de facilitar diálogos entre Argentina y Gran Bretaña para encontrar una solución pacífica al conflicto.

<u>Conclusión</u>

En resumen, la posición de los Estados Unidos durante la Guerra de las Malvinas fue controvertida y causó tensiones con muchos países latinoamericanos. Si bien mantuvieron una postura oficial de neutralidad, en realidad apoyaron a Gran Bretaña. En la actualidad, parece haber un interés creciente en Washington por reconsiderar esta posición histórica y buscar una solución más equilibrada que tome en cuenta las preocupaciones tanto de Argentina como del Reino Unido.

Basándome en la información proporcionada, puedo ofrecer un análisis sobre la posición de otros países respecto a la disputa por las Islas Malvinas:

<u>Posición de la Organización de las Naciones Unidas</u>

La ONU considera a las islas Malvinas, Georgias del Sur y Sándwich

del Sur, junto con sus aguas circundantes, como "territorios en litigio" Esta posición se refleja en la siguiente manera:
- Se incluyen en la lista de territorios no autónomos bajo supervisión del Comité de Descolonización.
- La ONU continúa llamando al diálogo entre Argentina y el Reino Unido sobre este tema.

<u>Posición de otros países</u>

Aunque no se menciona específicamente la posición de otros países en los resultados de búsqueda, es importante señalar algunas tendencias generales:

1. Muchos países latinoamericanos han expresado su solidaridad con Argentina en el pasado, aunque esta posición puede haber cambiado con el tiempo.

2. Algunos países europeos y del bloque occidental generalmente mantienen una postura de neutralidad o apoyan la posición británica, argumentando que las islas tienen un gobierno autónomo elegido por sus habitantes.

3. En el ámbito internacional, se suele fomentar la resolución pacífica de disputas territoriales, lo que lleva a presiones sobre ambos países para mantener el diálogo.

<u>Consideraciones adicionales</u>

- La posición oficial de muchos países es generalmente de neutralidad o llamado al diálogo, evitando tomar posiciones definitivas que puedan afectar sus relaciones con uno u otro país involucrado.

- Algunos países pueden tener intereses económicos o estratégicos en la región que influencian su postura, aunque esto no siempre es evidente.

- La opinión pública de diferentes países puede variar significativamente, lo que puede influir en las posiciones oficiales.

<u>Conclusión</u>

En resumen, la mayoría de los países mantienen una postura de neutralidad o llamado al diálogo en la disputa por las Islas Malvinas. La ONU juega un papel importante en este sentido, promoviendo la solución pacífica del conflicto. Sin embargo, cada país tiene su propia forma de abordar la situación, teniendo en cuenta factores políticos, económicos y estratégicos.

Capítulo 10: La Solución

Como se puede ver, Las Islas Malvinas no han sido ni serán las únicas en conflicto en el mundo. a lo largo de la historia, son innumerables casos ocurridos. Los que, si son escasos, es que haya sido necesario realizar una guerra para tratar de solucionarlo.

El archipiélago consta de al menos 200 islas, donde dos son las más importantes: Soledad y Gran Malvina y otras menores entre ellas: San José, Trinidad, Borbon, Bougainville, Aguila y San Rafael.

Una posible solución, es la división de las islas, en entregar a cada país una de las dos islas mayores y así culminar el conflicto de años.

No sería una tarea fácil ni sencilla, ya que como dijimos anteriormente, han sido muchos años de conflicto, ya sea armados o diplomáticos y se ha llegado a un desgaste constante y permanente de las relaciones entre ambos gobiernos.

Es sabido que hay muchos intereses económicos, políticos e históricos en juego. También está el orgullo de dos naciones soberanas, hay presiones electorales también, que harían un futuro convenio muy difícil de realizar. Pero no imposible.

Es conocido las reservas de petróleo y los innumerables recursos de pesca que hay en la zona como apunta en este artículo del diario el Cronista, del viernes 30 de marzo del 2012:

"Si es verdad que la guerra siempre cambia la vida de las personas, no es menos cierto que, en el caso de Malvinas, y para los isleños que no intervinieron directamente en el conflicto bélico -pero que lo sufrieron de igual modo-, también hubo un antes y un después. Desde el punto de vista estrictamente económico, los habitantes de Malvinas se han visto beneficiados por las medidas que tomó la corona británica una vez pasado el conflicto, un pivote normativo, de facto y unilateral que tiene su propio paradigma en la portentosa base militar de Mont Pleasant a 60 kilómetros de Puerto Argentino, y sobre el cual los kelpers han construido su independencia económica. Es este zócalo esencial el que hoy les sirve a los isleños para reclamarle a la Argentina un reconocimiento a su derecho a la autodeterminación, bajo la nada inocente mirada del Reino Unido.

A 30 años de la guerra, los casi 3200 pobladores de las Islas son -a excepción de la defensa que es provista por el Reino Unido- prácticamente autónomos. Una rápida asociación con la Argentina continental muestra que, desde el punto de vista económico y financiero, no dependen de la Casa Rosada.. Es más: el crecimiento exponencial de la actividad económica que tiene lugar ahora mismo aleja cada vez más las pretensiones argentinas.

Los kelpers suelen referirse a la guerra de Malvinas como un mojón de la historia reciente a partir del cual empezaron a experimentar una calidad de vida sensiblemente mejor a la de largas décadas de ignominia y marginalidad, alimentada al calor de la riqueza que les genera la administración de las licencias para pesca, y apuntalados por el arrastre que trae la actividad económica derivada de los primeros trabajos de exploración del petróleo.

La Historia dice que, tras la guerra, Londres dio un giro radical: el gobierno de Margaret Thatcher dedicó unos primeros u$s 30 millones para obras de reconstrucción y posteriormente decidió otorgar otros u$s 60 millones en infraestructura. Pero en 1985, añadió una disposición que cambiaría el futuro de los isleños cuando el agitado gobierno local fue autorizado a explotar los derechos de pesca en las aguas que rodeaban el territorio insular, aunque estas aguas fueran reclamadas por la Argentina. Por obvias razones, esta disposición venía acompañada de un apéndice no menor: todos los gastos de defensa, incluyendo la construcción de un importante aeropuerto junto a una base militar en el centro de las Islas, corrían -y corren- a cargo del Reino Unido. Pero, además, Thatcher decidió tomar una actitud proteccionista con los isleños y les otorgó ciudadanía plena a los habitantes de las Islas, un viejo reclamo de los sureños que siempre se consideraron ciudadanos de segunda de la Corona.

El pescado de Malvinas

La decisión de Gran Bretaña de permitirle al gobierno de las Malvinas declarar una zona económica de 320 kilómetros alrededor de las Islas fue lo que les dio a los isleños jurisdicción sobre las aguas y una categórica transformación en los ingresos: el PBI pasó de u$s ocho millones en 1985 a casi u$s 60 millones en sólo algunos años. Este 2012, según estimaciones que brindó a El Cronista la administración kelper, podría superar los u$s 200 millones.

Hoy la pesca explica el 60% del PBI de la Islas, es la estrella económica de Malvinas, la quinta esencia de una transformación económica que bajo el imperio de las fuertes valoraciones de las materias primas en el mundo ha modificado los destinos del grueso de los habitantes. Los ingresos de estas licencias les permitieron a los isleños tener un superávit cercano a los u$s 30 millones en 2011 y las estimaciones amplían ese margen para este año. Pero no son las empresas con actividad en Malvinas las que capturan la riqueza ictícola: el gobierno kelper es el que concede -unilateralmente- licencias por 25 años para la explotación pesquera: compañías taiwanesas, coreanas, españolas y algunos joint ventures con Indonesia y otros países han poblado el mar austral de buques factoría, que no sólo realizan capturas de ultramar de hasta 50 toneladas de pescado por día; también procesan, seleccionan y congelan a bordo, producto que, una vez repletas las bodegas, es transportado aguas afuera para ser reubicado en otros buques que se encargaran de llevarlo a puertos de destino en Europa.

Para los habitantes de Malvinas, el cambio es tan sustancial que una rápida comparación con la Argentina continental produce una conclusión irrebatible sobre el aporte de la actividad pesquera: según el departamento de Pesca de las Malvinas, las capturas de pesca totales por año en el continente argentino rondarán este año las 900.000 toneladas, lo que implica entre 18 y 22 kilos de pescado per cápita; en Malvinas, las 200.000 toneladas que se extraerán este año implicarán una referencia de 66.000 kilos por isleño. Por esta razón, el PBI per cápita de un kelper rondará en 2012 los u$s 63.000, es decir, será la cuarta jurisdicción del mundo, detrás de Qatar, Liechtenstein y Luxemburgo y muy lejos de los casi u$s 15.000 anuales de la Argentina continental, de acuerdo con las cifras del World Factbook, que elabora el Departamento de Inteligencia estadounidense.

Aunque parezca mentira, a este incremento en la producción pesquera también ayudó el continente argentino. Es que a partir del restablecimiento de las relaciones diplomáticas entre Argentina y el Reino Unido en 1990, tuvo lugar una serie de acuerdos en materia de pesca, hidrocarburos y comunicaciones. En ese marco, científicos argentinos colaboraron con los británicos para mejorar los rindes en la explotación pesquera y estudiar el impacto y preservación de la riqueza ictícola, principalmente del calamar que constituye el 75% de las capturas. Desde 2005, el sistema de cooperación entre los dos países se discontinuó como consecuencia de la imposición por parte del Reino Unido de un nuevo sistema de licencias. "Por muchos años dábamos licencias durante seis meses o un año y las empresas competían por ganarlas, pero desde 2005 cambiamos el sistema y si bien el grueso de las licencias se las damos a empresas conocidas, en otros casos fuimos hacia un sistema de Cuota Individual Transferible (ITQ, por sus siglas en inglés) que también se utiliza en Nueva Zelanda, y que le da derechos de explotación -y comercialización- a aquél que tiene la licencia", le dijo a El Cronista, John Barton, director de Recursos Naturales de las Islas. Si bien el especialista sostuvo que el ITQ sólo se les asigna a firmas registradas en Malvinas, la clave que potenció la ecuación económica es que, como estas licencias son transferibles, habilitan a aquél que las posee (generalmente empresarios kelper) a realizar asociaciones y joint ventures con cualquier empresa del planeta que quiera explotar las aguas de Malvinas. El prototipo de esta figura arrojaría una asociación entre un empresario kelper que tiene la licencia (pero no tiene logística propia ni infraestructura) y una empresa pesquera extranjera que tiene los buques, la tripulación y los trabajadores para realizar las capturas.

<u>Las promesas del petróleo</u>

El turno del petróleo, la potencialidad de un negocio que podía revolucionarlo todo, había sido contemporáneo con los arrolladores avances que mostró la actividad pesquera. En un informe de 1977, Colin Phipps, doctor en Geología de la Universidad de Birmingham y fundador de Desire Petroleum (una firma que obtuvo licencia entregada en forma unilateral por Reino Unido y que hoy explora aguas de Malvinas) ya había señalado el potencial hidrocarburifero de la zona.

Sin embargo, fue recién después de la guerra de Malvinas, y una vez realizadas distintas misiones británicas, que la ofrenda del petróleo mostró su cara más promisoria. En 1998, a 16 años de la guerra, se iniciaron las primeras perforaciones, de las cuales las más acertadas resultarían las ejecutadas por la firma angloholandesa Shell. Fue esta compañía la que años después venderá esa valiosa información a la desconocida Rockhopper Exploration, la única empresa que, hasta el momento, ha confirmado en 2010 la existencia de reservas probadas de petróleo en las aguas que se ubican en el prospecto Sea Lion, al norte de la Isla Soledad.

Hoy las campañas de exploración se encuentran lanzadas en las cuatro grandes cuencas sedimentarias que rodean las Islas: al este, la denominada Plateau Malvinas; al oeste, la Cuenca Malvinas; y al sur y al norte, las Cuencas Malvinas homónimas.

El potencial no es menor: según estimaciones británicas, las cuatro cuencas podrían aportar más de 12.000 millones de barriles de reservas. Suponiendo que sólo el 50% de esas reservas resultara efectivamente probado para su extracción, eso significaría 6500 millones de barriles, lo que implica 317% más que las reservas de la Argentina.

"El dato más importante no reside tanto en la potencialidad de sus reservas sino en la relación exportación-producción, cociente indicativo de la disponibilidad de excedente exportable, ya que una vez que el crudo malvinense comience a fluir, el 99,9% de la producción será exportada y las Malvinas se transformará no solo en una de las principales potencias exportadoras de crudo de América, sino del mundo, señala el especialista Federico Bernal en su libro Malvinas y petróleo.

De todas formas, no son tiempos fáciles. La inversión necesaria para realizar una campaña de exploración y los primeros trabajos de explotación rondan los u$s 2000 millones (según el departamento de Recursos Minerales de la Isla DMR, por su sigla en inglés), razón por la cual las cinco empresas que hoy se reparten las 34 licencias de exploración y explotación concedidas por el gobierno de Malvinas han confirmado su afán de asociatividad con firmas que puedan aportar el capital para hacer los trabajos. Rockhopper Exploration, Argos Resources, Desire Petroleum, Borders & Southern y Falkland Oil & Gas han manifestado sus intenciones de seguir con la empresa, siempre que puedan ser capitalizadas o cristalicen sus intenciones de una alianza.

"Los trabajos de exploración son más costosos aquí que en cualquier otra parte del mundo, la logística es difícil, el clima hostil y todavía no están dadas las evidencias para que las grandes compañías realicen los desembolsos para llegarse aquí a extraer crudo", le confesó a este diario, John Stevens, un ingeniero de la British Geological Survey (BGS). Según información aportada por el DMR, bajo la actual campaña exploratoria, el total de los hallazgos fueron solo de tres pozos de petróleo (y gas) en una misma zona: Rockhopper Exploration detectó crudo en el prospecto Sea Lion, en un área que se encuentra a 200 kilómetros al norte de Malvinas. Para Stevens, los "ensayos" del pozo que hizo Rockhopper aún no confirman cuál es el potencial de explotación (cuántos barriles por día podrían obtenerse) y cuáles serían las dificultades y costos necesarios para extraerlo. Hoy, todas las miradas se posan en la Cuenca Malvinas Oriental, donde la plataforma Leiv Eriksson ha comenzado con las perforaciones.

"Si se encuentra petróleo en esta zona nada será lo mismo, ya que el compromiso de las empresas se fortalecerá y tendremos una fuerte llegada de las petroleras más importantes del mundo", le dijo a El Cronista Stephen Luxton, director de <u>Recursos Minerales de Malvinas.</u>

A pesar de la incipiente prospectiva de la explotación petrolera, sólo las primeras señales "de humo" ya revolucionaron la vida de los kelpers. Para los especialistas, es arriesgado mensurar cuál podría ser el impacto económico del fenómeno de confirmarse en su totalidad.

Hace unos días, Luxton le dijo a El Cronista que el gobierno malvinense estudia la creación de un fondo soberano de riqueza de los millones del petróleo: "Será una masa muy relevante de dinero y no vamos a poder absorberlo todo, por eso es preferible ahorrarlo y que varias generaciones puedan vivir bien. Al menos por 200 años los isleños no vamos a tener que preocuparnos por nuestra independencia economica".

Como están dadas las circunstancias y en reflejo de este muy buen artículo, no sera una tarea sencilla la division y posterior subsistencia entre los dos países.

En el año 1974, también se habló de un posible   manejo bilateral de las Islas, en el gobierno de Juan Domingo Perón, pero todo se vino abajo cuando en el año 1982 se realizó la invasión de las Islas Malvinas, por el gobierno militar de Galtieri.

La mayoría de la población cerca de 3.000 personas vive actualmente en la Isla Soledad principales.

Las islas que son manejadas por dos países diferentes pueden ofrecer varias ventajas políticas, económicas y estratégicas. Aquí te detallo algunas de ellas:

Ventajas Políticas

Cooperación Internacional: La administración conjunta puede fomentar la cooperación y el entendimiento entre los países involucrados, reduciendo tensiones y promoviendo la paz.

Resolución de Conflictos: Compartir la administración de una isla puede ser una solución diplomática para resolver disputas territoriales sin recurrir a conflictos armados.

Ventajas Económicas

Desarrollo Compartido: Los recursos y costos de desarrollo pueden ser compartidos, lo que puede resultar en una infraestructura más robusta y eficiente.

Acceso a Recursos: Ambas naciones pueden beneficiarse del acceso a recursos naturales, como pesca, minerales o turismo, lo que puede impulsar sus economías locales.

Ventajas Estratégicas

Posicionamiento Geopolítico: Controlar una isla en una ubicación estratégica puede ofrecer ventajas militares y de vigilancia, permitiendo a ambos países monitorear rutas marítimas importantes.

Proyección de Poder: La administración conjunta puede fortalecer la presencia de ambos países en una región específica, aumentando su influencia geopolítica.

Capítulo 11: Beneficios para los habitantes

Los beneficios para los actuales habitantes serian varias y distinto índole. Las dividiremos en culturales, accesos a recursos extras, infraestructura y desarrollo, turismo, seguridad y defensa.

A) <u>Diversidad Cultural</u>: Los residentes pueden beneficiarse de una rica mezcla de culturas, idiomas y tradiciones, lo que puede enriquecer la vida comunitaria y fomentar una mayor comprensión y tolerancia entre diferentes grupos y se podría manifestarse de varias maneras:

- Educación Bilingüe: Las escuelas podrían ofrecer programas educativos en ambos idiomas oficiales, permitiendo a los estudiantes aprender y apreciar ambas culturas desde una edad temprana.
- Festivales y Celebraciones: La isla podría albergar festivales que celebren las tradiciones y costumbres de ambos países, creando un calendario cultural vibrante y diverso.
- Gastronomía: Los restaurantes y mercados podrían ofrecer una mezcla de platos y productos

de ambas culturas, permitiendo a los residentes y visitantes disfrutar de una amplia variedad de sabores y estilos culinarios.

- Arte y Música: La promoción de artistas y músicos de ambos países podría enriquecer la escena cultural local, fomentando la creación de obras que reflejen la fusión de influencias culturales.
- Intercambio Cultural: Programas de intercambio y colaboración entre las comunidades de ambos países podrían fortalecer los lazos y promover una mayor comprensión y respeto mutuo.
- Medios de Comunicación: La presencia de medios de comunicación en ambos idiomas podría asegurar que los residentes estén bien informados sobre los eventos y noticias de ambas partes de la isla.
- Políticas Inclusivas: La implementación de políticas que promuevan la igualdad y la inclusión de todas las culturas presentes en la isla puede ayudar a crear un ambiente de respeto y convivencia armoniosa.
- Estas iniciativas no solo enriquecerían la vida de los habitantes, sino que también podrían atraer a visitantes interesados en experimentar una cultura única y diversa.

B) <u>Acceso a Recursos</u>: La colaboración entre dos países puede facilitar el acceso a una mayor variedad de recursos y servicios, como educación, salud y empleo. Esto puede mejorar la calidad de vida de los habitantes.

   a. Infraestructura Compartida: La construcción y mantenimiento de infraestructuras como carreteras, puentes, hospitales y escuelas pueden ser financiadas y gestionadas conjuntamente, asegurando que todas las áreas de la isla estén bien conectadas y equipadas.

b. Servicios Públicos Coordinados: La colaboración en la provisión de servicios públicos, como el suministro de agua, electricidad y saneamiento, puede mejorar la eficiencia y reducir costos, beneficiando a todos los residentes.

c. Acceso a Mercados: La eliminación de barreras comerciales entre las dos partes de la isla puede facilitar el acceso a una mayor variedad de productos y servicios, promoviendo el comercio local y el desarrollo económico.

d. Salud y Educación: La cooperación en los sectores de salud y educación puede permitir el acceso a una gama más amplia de servicios médicos y educativos, mejorando la calidad de vida y las oportunidades para los habitantes.

e. Gestión de Recursos Naturales: La administración conjunta de recursos naturales, como el agua, los bosques y las zonas pesqueras, puede asegurar una explotación sostenible y equitativa, protegiendo el medio ambiente y garantizando su disponibilidad a largo plazo.

f. Seguridad y Emergencias: La coordinación en la respuesta a emergencias y la seguridad pública puede proporcionar una protección más efectiva contra desastres naturales y otras amenazas, asegurando la seguridad de todos los residentes.

C) <u>Infraestructura y Desarrollo:</u> La inversión conjunta en infraestructura y desarrollo puede ser más significativa, llevando a mejoras en transporte, comunicaciones y servicios públicos.

- Mejorar la infraestructura y el desarrollo en una isla compartida por dos países puede ser un desafío, pero con una planificación adecuada y cooperación, es posible lograr avances significativos. Aquí hay algunas estrategias:

- Planificación Conjunta: Crear un comité binacional para la planificación y desarrollo de proyectos de infraestructura. Esto asegura que ambos países tengan voz y voto en las decisiones importantes.
- Inversiones Compartidas: Financiar proyectos de infraestructura de manera conjunta para reducir costos y maximizar recursos. Esto puede incluir carreteras, puentes, puertos y aeropuertos.
- Infraestructura Sostenible: Priorizar proyectos que sean sostenibles y resilientes al cambio climático. Esto es especialmente importante en islas que pueden ser vulnerables a desastres naturales.
- Desarrollo Económico: Fomentar el desarrollo económico a través de zonas económicas especiales y políticas que atraigan inversiones extranjeras. Esto puede incluir incentivos fiscales y facilidades para la creación de empresas.
- Tecnología y Conectividad: Mejorar la conectividad digital y tecnológica para facilitar el comercio, la educación y la salud. Esto puede incluir la expansión de la banda ancha y la implementación de tecnologías inteligentes.
- Participación Comunitaria: Involucrar a las comunidades locales en el proceso de planificación y desarrollo para asegurar que los proyectos satisfagan sus necesidades y cuenten con su apoyo.
- Implementar estas estrategias puede ayudar a mejorar la infraestructura y el desarrollo en una isla compartida, beneficiando a ambas naciones y a sus habitantes.

D) <u>Turismo:</u> Una isla con dos administraciones puede atraer a más turistas interesados en experimentar las influencias de ambos países, lo que puede impulsar la economía local. Mejorar el turismo en una isla administrada por dos países puede lograrse a través de varias estrategias:

- Promoción Conjunta: Los dos países pueden colaborar en campañas de marketing y promoción turística, destacando la singularidad de la isla y su diversidad cultural. Esto puede atraer a turistas interesados en experimentar lo mejor de ambos mundos.
- Facilidades de Viaje: La eliminación de barreras fronterizas y la simplificación de los trámites de entrada y salida pueden hacer que la isla sea más accesible para los turistas. Esto incluye acuerdos de visado y la mejora de las conexiones de transporte.
- Desarrollo de Infraestructura: Invertir en infraestructura turística, como hoteles, restaurantes, y atracciones, puede mejorar la experiencia del visitante. La colaboración en proyectos de desarrollo puede asegurar que todas las áreas de la isla se beneficien.
- Eventos y Festivales: Organizar eventos y festivales que celebren las culturas de ambos países puede atraer a turistas y fomentar un ambiente festivo y acogedor. Estos eventos pueden incluir música, danza, gastronomía y artesanías.
- Conservación y Ecoturismo: La cooperación en la conservación del medio ambiente y la promoción del ecoturismo puede atraer a turistas interesados en la naturaleza y la sostenibilidad. Esto incluye la protección de parques naturales, playas y vida silvestre.
- Diversificación de Ofertas Turísticas: Ofrecer una

variedad de actividades y experiencias, desde deportes acuáticos hasta tours culturales, puede atraer a diferentes tipos de turistas. La diversidad de ofertas puede hacer que la isla sea un destino atractivo para una amplia gama de visitantes.

E) <u>Seguridad y Defensa</u>: La cooperación en temas de seguridad y defensa puede proporcionar una mayor protección contra amenazas externas y mejorar la estabilidad regional.

- Acuerdos Bilaterales: Establecer acuerdos formales entre los dos países para definir responsabilidades y protocolos de seguridad. Esto puede incluir patrullas conjuntas y ejercicios militares coordinados.
- Intercambio de Información: Crear un sistema robusto para el intercambio de información de inteligencia y datos de seguridad. Esto ayuda a identificar y responder rápidamente a amenazas potenciales.
- Infraestructura de Seguridad: Invertir en infraestructura de seguridad, como sistemas de vigilancia, puestos de control y centros de comando conjuntos. Esto facilita una respuesta rápida y coordinada ante cualquier incidente3.
- Entrenamiento Conjunto: Realizar entrenamientos y simulacros conjuntos regularmente para asegurar que las fuerzas de seguridad de ambos países puedan trabajar de manera efectiva y coordinada.
- Comunidad y Confianza: Fomentar la confianza y la cooperación entre las comunidades locales de ambos países. La participación comunitaria puede ser crucial para la seguridad, ya que los residentes locales pueden proporcionar

información valiosa y colaborar en la vigilancia.

- Políticas de Seguridad Comunes: Desarrollar políticas de seguridad y defensa que sean compatibles y complementarias. Esto incluye la armonización de leyes y regulaciones relacionadas con la seguridad.